Kemper | Helge Schneider. 100 Seiten

* Reclam 100 Seiten *

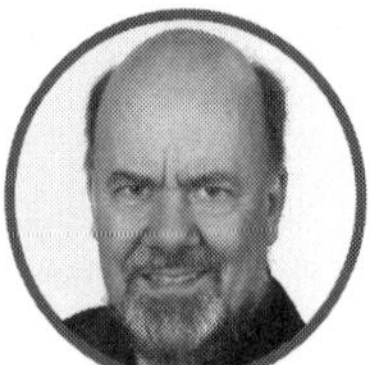

PETER KEMPER, geb. 1950, Publizist und Hörfunkredakteur, von 1986 bis 2003 Leiter des Abendstudios im Hessischen Rundfunk, danach Redakteur der Sendereihe hr2-Doppelkopf sowie seit 1981 Musikkritiker im Feuilleton der *Frankfurter Allgemeinen Zeitung*.

Peter Kemper

Helge Schneider. 100 Seiten

Reclam

Für Hildegard, Carina und David

Besonderer Dank gilt Helge Schneider für seine großzügige Unterstützung, vor allem für die Fotos aus seinem Privatarchiv

2018 Philipp Reclam jun. Verlag GmbH,
Siemensstraße 32, 71254 Ditzingen
Umschlaggestaltung nach einem Konzept von zero-media.net
Infografik (S. 38 f.): Infographics Group GmbH
Bildnachweis: vor S. 1 © Sascha Rheker; S. 18 © e.o.plauen Stiftung
Druck und Bindung: Canon Deutschland Business Services GmbH,
Siemensstraße 32, 71254 Ditzingen
Printed in Germany 2018
RECLAM ist eine eingetragene Marke
der Philipp Reclam jun. GmbH & Co. KG, Stuttgart
ISBN 978-3-15-020455-9

Auch als E-Book erhältlich

www.reclam.de

Für mehr Informationen zur 100-Seiten-Reihe:
www.reclam.de/100Seiten

Inhalt

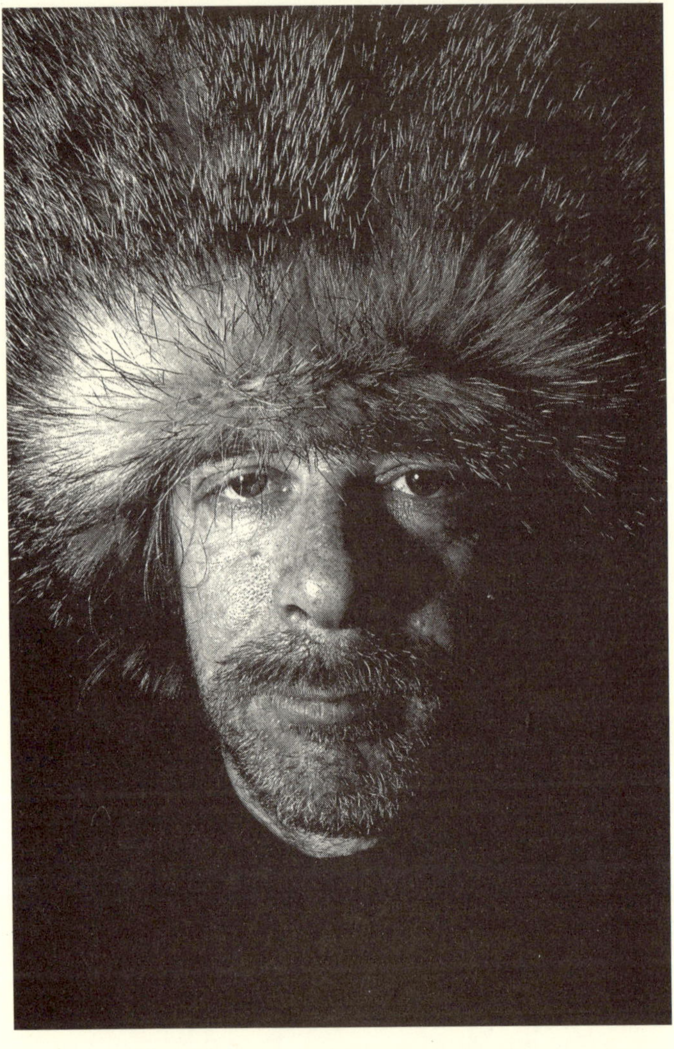

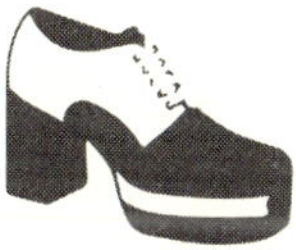

Der Schneider-Schock

Keine der Etikettierungen, mit denen man Helge Schneider bisher belegt hat – Clown, Quatschmacher, Unterhaltungskünstler, Komiker, Comedian, Kabarettist, Schriftsteller, Regisseur, Schauspieler, Zeichner, Schlagersänger, Multiinstrumentalist –, vermag ihn zu fassen. Bis heute geht von seinem Werk eine monumentale Unverständlichkeit aus, die fremdartig wirkt und sich allen rationalen Erklärungsversuchen zu widersetzen scheint. Nicht selten produziert Schneider ein *Zuviel an Sinn*, welches den gesunden Menschenverstand schlicht überfordert. Der namhafte Soziologe und Kulturwissenschaftler Dirk Baecker bemerkt dennoch fasziniert: »Wie kein zweiter bringt er den Ernst des Albernen auf den Punkt und den Begriff.«

Könnte es daran liegen, dass bei Schneider die Sprache selbst immer wieder aus dem Tritt und ins Stolpern gerät? Dass er uns immer wieder mit Versuchsanordnungen von gescheiterter Kommunikation konfrontiert, die beim Publikum in ein beipflichtendes, befreiendes Lachen münden – und eben nicht ins vielzitierte Lachen, das einem im Hals stecken bleibt? So verstanden zeigt Schneider uns die zumeist verborgene Schönheit des Unsinns und hat über die Jahre seine Rolle als unterhaltsamer *Fehler im System* kultiviert.

Als ich diesen Fehler erstmals 1990 in der TV-Sendung *Queen's Palace* bemerkte, war ich regelrecht schockiert: Bis dato hatte ich noch nie jemanden gesehen, der sich so konsequent und gleichzeitig lustig allen Erwartungshaltungen verweigerte. Seine Heinrich-Heine-Lesung sprengte damals alles, was als Fernsehunterhaltung bezeichnet wurde. Allein schon ein schrill herausgeschriener Satz wie »Nein, diese Seite lese ich nicht. Ich schlage willkürlich eine andere Seite auf« brach mit allen Konventionen einer Literaturveranstaltung. Dazu noch diese überdrehte Fistelstimme, ein grotesk ausgestellter Überbiss der Zähne, sein aus der Zeit gefallener blauer Konfirmationsanzug, die rote Wuschelkopf-Perücke, ungelenke, bisweilen marionettenhaft wirkende Bewegungen – all das hatte etwas Clowneskes und verkörperte zugleich eine Art *existentielle Schüchternheit*, die sich so wohltuend vom oft aggressiven Schenkelklopfer-Humor der Comedy-Szene abhob.

Wer Schneider einmal live erlebt hat – nur seine Bühnenpräsenz zählt und macht alle bisweilen zähen TV-Talks schnell vergessen –, spürt schnell, dass sein offensiv zur Schau gestellter Dilettantismus alles andere als dilettantisch ist. Schneiders Genialität besteht eben darin, nicht genial zu sein – dies aber auf eine unverwechselbare und souveräne Art und Weise.

Auch wer einen Mangel an Pointen in seinen Liedern und Geschichten beklagt, liegt knapp daneben. Schon in seiner

»Die meisten Kritiker meinen, ich mache Nonsens. Aber das ist genau das falsche Wort dafür. Wenn ich behaupte, Quatsch zu machen, dann meine ich Spaß, und Spaß bedeutet eben auch Ernst.«
(Schneider im Interview)

1992 erschienenen *Autobiographie, Teil 1* mit dem Leitspruch seiner Willkommenskultur *Guten Tach. Auf Wiedersehn* als Titel wird schnell deutlich, dass seine Pointen bewusst darin bestehen, keine zu haben. Deshalb bezeichnet er auch seine garantiert witzlosen Witze als »eine Philosophie, die nur wenige Menschen verstehen. Doch es werden immer mehr. Die lachen über etwas, was überhaupt nicht lustig ist.«

Ein Buch über Helge Schneider zu schreiben, könnte ebenfalls als Witz missverstanden werden. Wie sollten tote Buchstaben auf Papier auch nur eine Ahnung von seiner unberechenbaren Improvisations-Kunst vermitteln können? Doch Schneider weiß selbst am besten: »Ein Buch ist ein Hilfsmittel, um vielleicht dahinter zu kommen, was war.«

Dieses »was war« ist inzwischen auch schon fast 30 Jahre alt: Seitdem er mit seinem verstörenden »Helgeianismus« Anfang der 1990er Jahre poltergeistähnlich in die Kleinkunst-Szene der Republik stolperte, hat er ein erstaunlich breites und vielschichtiges Werk geschaffen. Wer ihn auf seinen Hit »Katzeklo« reduziert und nur seine Talkshow-Auftritte kennt, verpasst das Wichtigste:

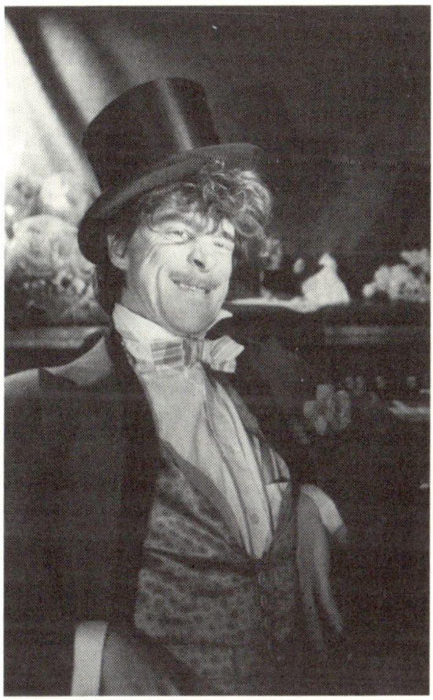

»Geb'n Se dem Mann am Klavier ...«

Schneider ist ein Tausendsassa – und dabei stets ein verblüffender Sprach- und Logikakrobat. Doch ob auf bundesweiten Tourneen mit wechselnden Bands, im Kino und in Büchern, auf CDs und DVDs, in zahllosen TV-Auftritten oder bei Theaterproduktionen: Schneiders enorme Produktivität konnte nicht dazu beitragen, das »Helge-Phänomen« zu enträtseln. Die Verunsicherung war und ist groß.

Mit philosophischer Weitsicht hat Schneider schon früh seine prekäre Funktion als Clown analysiert: »Du wirst ja nicht ernst genommen. Du wirst belacht. Der Clown ist am Rande der Gesellschaft. Das ist so, ich bin auch so. Ich spiele keine Rolle und deshalb spiele ich auch keine Rolle.« Dass er dann doch eine bedeutende Rolle im bundesdeutschen Humor-Diskurs spielen sollte, konnte vor einem Vierteljahrhundert niemand ahnen: Schneiders Redensart »Das prangere ich an« gehört nicht nur in Jugendkulturen längst zur Alltagsfolklore. Schuld an diesem Erfolg, nicht zuletzt beim Massenpublikum, dürfte sein radikales Bekenntnis zur Improvisation sein, zur Spontaneität, zum Unfertigen und Unvollkommenen.

Schon in seiner ersten Autobiographie bekannte er, dass alles, was er macht, im Grunde Jazz sei. Fast könnte man sein Erfolgsgeheimnis allein durch diese »Methode Jazz« erklären, die Schneider eben nicht nur in seiner Musik verfolgt, sondern seiner ganzen Existenz unterlegt. Nicht selten korrespondiert dieser Improvisationslust eine permanente Zurschaustellung seines Ringens nach Worten, verbunden mit Plötzlichkeit und Sprunghaftigkeit – sei es sprachlich oder musikalisch.

Seit mehr als 25 Jahren verfolge ich jetzt die wechselvolle Karriere von Helge Schneider, habe ihn mehrmals getroffen, interviewt und so viele Konzerte wie möglich von ihm besucht. Und immer noch treiben mich die alten, unbeantworte-

> Es gibt natürlich Menschen, die wollen nicht improvisieren und die kommen dann ein bisschen aus der Bahn, wenn es plötzlich heißt ›Ach Scheiße, keine Milch im Haus, jetzt muss ich improvisieren, jetzt nehm' ich Schnaps oder was weiß ich.‹ Ist ein ziemlich blödes Beispiel, muss ich sagen.«
> (Schneider im Interview)

ten Fragen um, wenn ich ihn erlebe: Warum wird er auf der einen Seite als lustiges Genie vergöttert und auf der anderen Seite als alberner Blödmann geschmäht? Muss man einen speziellen Humor haben, um ihn zu verstehen? Worin genau unterscheidet sich sein Humor vom Fun-Versprechen der deutschen Comedy-Fraktion? Gibt es so etwas wie einen roten Faden, der sich durch sein unübersichtliches, vielschichtiges Werk zieht? Und wie lange kann er sich seine subversive Kraft noch bewahren?

Bei Helge Schneider kann alles danebengehen, Versagen ist für ihn kein Makel, sondern am spannendsten, weil am lebendigsten. Er will nicht funktionieren, und das gibt ihm eine Freiheit, die von vielen als aufrührerisch, ja geradezu anarchistisch verstanden wird. Die nachfolgenden Überlegungen sollen dazu dienen, im Durchgang durch Schneiders Gesamtwerk zum Kern seiner Komik-Revolte vorzustoßen.

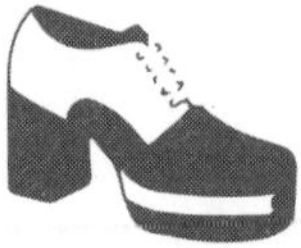

Mülheim-Blues: Der jugendliche Dissident

Das vielleicht beliebteste Argument gegenüber allen Helge-Hassern, die mit seinem Humor so gar nichts anfangen können, lautet noch immer: »Ja, aber er ist ein begnadeter Musiker und beherrscht zig Instrumente!« Von allen zum Teil abstrusen Namen, mit denen man seine Kunst zu fassen sucht, lässt Schneider selbst in der Tat allein die Berufsbezeichnung *Jazzmusiker* gelten (vielleicht könnte er sich auch noch mit dem Begriff »Kauz gewordener Gegenschall« anfreunden, den ein Feuilletonist für ihn erfand). Denn Jazz verkörpert für Schneider nicht nur ein Stück unverzichtbare Freiheit, die gelebt wird, er signalisiert zugleich Abweichung von der Norm und Außenseitertum – gemessen am musikalischen Mainstream. Gleichwohl darf man im Falle Schneider Jazz nicht als kruden Gegensatz zu Pop und Popularität begreifen. Vielmehr gilt er ihm als ein Verfahren, das allein permanente Überraschung garantiert und eine bestimmte Form von Sauberkeit des Ausdrucks zu vermeiden hilft. In genau diesem Sinn kann Helges Jazz also auch Pop sein.

Das hat biographische Wurzeln: Musik im Allgemeinen und Jazz im Besonderen wird für den jungen Helge bald zum unverzichtbaren Überlebensmittel. Den grauen Alltag in Mülheim an der Ruhr färbt er sich mit seiner Musik selbst bunt: Grau war die Siedlung im Stadtteil Dümpten, in die er am 30. August 1955 hineingeboren wird. Die Wohnung der Eltern (der Vater arbeitet als Fernmeldemonteur, die Mutter als Sekretärin im Finanzamt der Stadt) hat er als »klein und sehr niedrig« in Erinnerung. Seine ebenfalls zum Haushalt zählende Tante Erna nimmt er bald als Ersatzmutter wahr, zumal sie auch primär für die Erziehungsarbeit von Helge und seinen beiden Schwestern Kerstin und Marliese zuständig ist. Dennoch fühlt er sich als Kind in diesem intakten Familienverbund mit einer Verwandtschaft voller Originale wohl. Rückblickend macht Helge aus seiner Familie fast liebevoll ein Freak-Kabinett: »Mein Vater ist nur einen Meter fünfzig hoch, vielleicht ein bisschen höher, und genauso breit fast in seinem grauen Wintermantel. Er hat einen Buckel. Meine Mutter hinkt und Tante Erna watschelt wie eine Ente.«

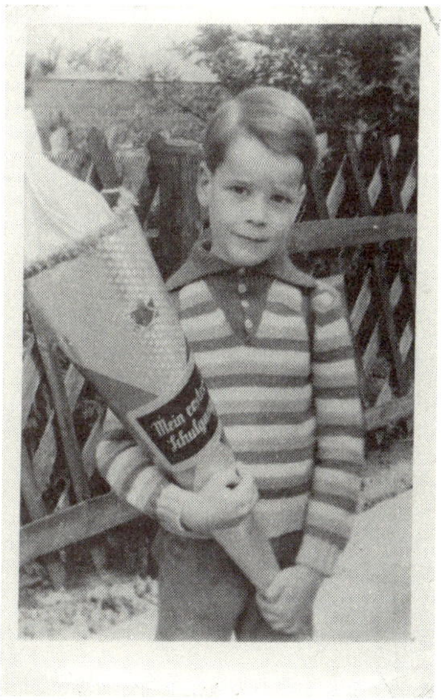
»Hefte raus, Klassenarbeit!«

Sein skandinavisch klingender Name Helge ist ihm von Anfang an peinlich. Auch mit seinem Aussehen (»ich hatte einen unsäglich tütenförmigen Kopf als Baby«), den roten Haaren und den spindeldürren Beinen ist der junge Schneider nicht einverstanden, zumal er von seinen Spielkameraden oft gehänselt wird. Das Klavier hingegen wird sein bester Freund. Oder wie er ein paar Jahre später zu Protokoll geben wird: »Ich bin mit meinen Instrumenten verheiratet.«

Und obwohl er seinen Vater als vollkommen unmusikalisch in Erinnerung hat (»nur Radio, das kann er ein bisschen, aber nur Zimmerlautstärke«) wird Schneiders musikalisches Talent von seinen Eltern gefördert. Auf diese Weise gewinnt er ein bisschen von jenem heiß ersehnten Selbstvertrauen, über das seine Schulkameraden von Haus aus zu verfügen scheinen. Ihm fehlt nach eigener Einschätzung die selbstverständliche, joviale, selbstbewusste Ausstrahlung, sein kleinbürgerliches Elternhaus ist ihm ins Gesicht geschrieben.

Mit der Schule steht Schneider von Anfang an auf Kriegsfuß. In seiner Erinnerung musste er bereits am ersten Schultag »inner Ecke stehen«. Er gilt als aufsässig und frech: »Ich hatte einen unheimlichen Freiheitsdrang.« Trotzdem schafft er es aufs Gymnasium, wo er in den ersten beiden Jahren zu den Besten seiner Klasse zählt. Doch schon bald beginnt er sich beim Vokabellernen zu langweilen und fingert lieber auf seinem Cello und dem Klavier herum.

Nach eigener Aussage entdeckt er mit Zwölf im Sperrmüll seine erste Miles-Davis-Platte. Und seitdem ist es um die Seriosität des klassisch ausgebildeten Musikers Schneider gesche-

»Stundenlang entlockte ich dem Klavier eine eigentümliche, sich immer wiederholende Musik, ähnlich wie man es von Keith Jarrett kennt. Verzückt lächelnd verdrehte ich dabei die Augen und fand so zu mir selbst. Genau wie Keith.«
(Schneider in seiner Autobiographie *Guten Tach. Auf Wiedersehn*)

hen. Der hatte schon im Alter von sechseinhalb Jahren Klavierunterricht erhalten. Nicht zufällig wies seine Tante Erna, wenn sie ihn als Säugling im Kinderwagen durch Mülheim schob, Freunde und Bekannte auf »seinen musikalischen Hinterkopf« hin. Und Helge beteuert noch heute: »Meine erste eigene Komposition machte ich mit vier Jahren: Texas. Die Idee dazu kam mir allerdings schon vorher, als ich in der Tragetasche lag.« Doch weist er in seiner Autobiographie wiederholt darauf hin, dass ihn das klassische Klavierspiel bald total genervt habe, nicht zuletzt weil er von dem geforderten mehrstündigen Übungspensum täglich höchstens zehn Minuten absolviert habe.

Obwohl er wohl ein guter klassischer Pianist geworden wäre, beschließt er ziemlich früh, seine eigene Musik zu machen, d. h. zu improvisieren. Bewusst sucht er die Herausforderung, denn »zum Improvisieren braucht man ungleich mehr Intelligenz als zum Notenlesen. Das forderte mich heraus.«

Noch bevor er eingeschult wird, nimmt Schneider an Klavierwettbewerben teil, beim *Tag der Hausmusik* oder bei einem Wettbewerb im Kaufhaus Cramer und Meermann in Essen, wo er als Preis eine Tafel Fruchtschokolade erhält. Und doch fühlt sich der Junge, in seinem Anzug mit Samtkragen und Schleife eingezwängt, unwohl. Nicht zuletzt die obligatorische Pomade im Haar ist Schuld daran, dass er auf öffentliche Auftritte erst einmal verzichtet. Auch mit dem Cello, das er mit elf Jahren zu spielen beginnt, kann er sich nicht so recht anfreunden.

Obwohl er den sehnsüchtigen, immer ein bisschen melancholisch getönten Sound mag, ist ihm das Instrument bald peinlich: »Ich musste das Cello zwischen die Beine klemmen, und das sieht meines Erachtens total scheiße aus.« Erst auf sei-

> »Ich hatte da was verwechselt: Ich wollte nämlich eigentlich einen Kontrabass haben, weil es mit Abstand eines der größten Instrumente in meinen Augen war. Damit hätte ich dann ganz tiefe männliche Töne spielen können. Ich hatte ja immer das Problem, dass viele Leute meinten, ich wäre ein Mädchen.«
> (Schneider im Interview)

ner Solotournee *Radio Pollepopp* im Frühjahr 2017 sollte er sein Cello wieder auspacken, resignierte aber schnell, nachdem er es umständlich aus den Kulissen hervorgeholt und vor einem Mikro platziert hatte, und verkündete in bestem Ruhrpott-Deutsch: »Vom Cello kricht man dat arme Dier [Depressionen].« Da dies das traurigste Instrument der Welt sei und ihn nebenbei an seine vierte Frau erinnere, könne er es leider doch nicht spielen.

Als Schneider mit 13 Jahren von einem älteren Jungen zum Rauchen verführt wird, ist es auch bis zum ersten Joint nicht mehr weit. Je mehr Schneider kifft, umso weniger interessiert er sich für die Schule. Sein Zeugnis lässt keine Versetzung mehr zu. Als seine Eltern mitbekommen, dass er häufig den Unterricht schwänzt und stattdessen vormittags lieber an der Ruhr entlangwandert, bringt sein Vater ihn morgens eigenhändig mit dem Auto zur Schule und wartet, bis sein Sohn das Schulgebäude betreten hat. Doch der geht einfach vorn hinein und hinten wieder hinaus: »Ich konnte ohne rot zu werden von der Schule erzählen, obwohl ich überhaupt nicht da war.«

Die Verzweiflung seiner Eltern wird begreiflich, als ein Psychologe die niederschmetternde Diagnose »Wandertrieb«

stellt. Zwar lässt sich Helge erst einmal für zwei Monate krankschreiben, doch am Ende des Schuljahres muss er das ungeliebte Gymnasium trotzdem verlassen. In dieser Zeit fühlt Helge sich komplett unverstanden und von der Welt verstoßen. Mit seinen roten Haaren und der spindeldürren Figur ist er zum Außenseiter prädestiniert, entwickelt aber gerade deshalb schon früh einen Selbsterhaltungstrieb, der ihn zu aberwitzigen Aktionen treibt: Mit 15 kann man ihn in knallgrünem Anzug gitarrespielend auf den Straßen Mülheims erleben. Und doch eröffnet sich für Schneider noch einmal die Möglichkeit, einen bürgerlichen Lebensweg einzuschlagen.

Trotz seiner Vergehen auf dem Staatlichen Gymnasium darf er auf die Mittelschule wechseln. Doch noch immer völlig unmotiviert, verspielt er hier seine letzte Chance, einen Schulabschluss zu machen.

> »Meine Haare waren mittlerweile das Allerwichtigste, was es auf der Welt für mich gab, noch wichtiger als Musik machen. Denn Musik als Kurzhaariger, nicht dran zu denken. Ich erfand damals den Begriff ›Kurzhaarschwein‹.«
> (Schneider in seiner Autobiographie *Guten Tach. Auf Wiedersehn*)

Den Weltschmerz der Pubertät kostet er jetzt voll aus. Als er 20 Jahre später in einer seiner lustigsten Geschichten von dieser Zeit erzählt, merkt man, er weiß, wovon er spricht: »Das Schlimmste im Leben des Menschen ist die Pubertät. Das ist eine ganz schlimme Zeit, in der es in den Familien Diskrepanzen gibt.« Nicht nur der obligatorische Akne-Befall (»Aktentaschenakne«), auch die plötzliche Fremdheit des eigenen Körpers lassen ihn zunehmend verzweifeln.

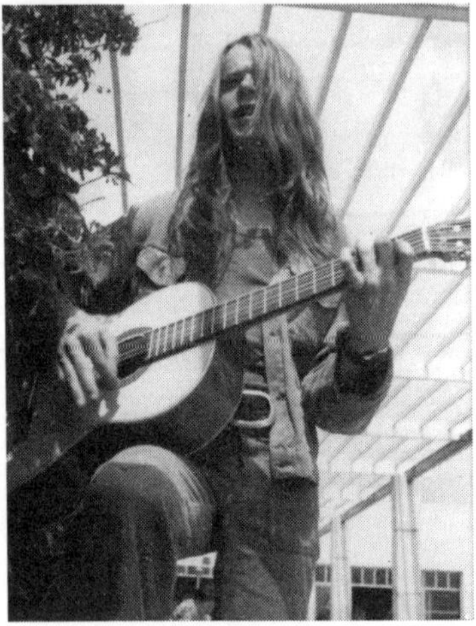

»Weißt Du wo die Blumen sind?«

Verschiedene Lehrberufe wie Bauzeichner, Landschaftsgärtner, Straßenfeger, Dekorateur, Polsterer und Tierpfleger erweisen sich allesamt als ungeeignet, seinen Freiheitsdrang auszuleben: »Ich habe übrigens im Zoo schon am ersten Arbeitstag gekündigt, weil ich keine Lust hatte, eine Schubkarre mit Elefantenhaufen zu schieben.« Stattdessen büxt er von zu Hause aus, wird von der Polizei gesucht, treibt sich – obwohl noch keine 16 – in Dortmunder und Essener Szenelokalen herum. Bei einer Razzia kann er sich erfolgreich hinter dem Zigarettenautomaten verstecken und radelt dennoch nach ein paar Tagen reumütig heim.

Erst 2003 rechnet er dann im »Mörchen«-Lied auf dem Album *Out of Kaktus* mit seiner Kiffer-Vergangenheit ab. Der Text schwankt zwischen Kindergarten und Hochkultur, Komik und Tragik, stotternder Grammatik und Lautmalerei – und ist wie immer von selbstironischen Untertönen getragen.

Vielleicht ist es nicht zuletzt dem exzessiven Kiffen des jungen Schneider geschuldet, dass sein späterer Verbaljazz in immer weiteren Kreisen um ein Thema, einen Namen oder nur um ein Geräusch herumimprovisiert. Man könnte sogar von einem hemmungslos assoziativen »Haschhumor«, so der Jour-

»Weißt Du noch wie's früher war / Man nahm Marihuana / Danach war einem schlecht und man fühlte sich nicht so recht / Marihuana is nich gut / Marihuana is nich gutta / Marihuana is nich gut / Sacht die Mama und der Papa / Die finden dat nit gutta / Tu ma lieber die Mörchen / Tu ma lieber die Mörchen, Mama ...«
(Schneider in seinem »Mörchen«-Lied)

nalist Detlef Kuhlbrodt, sprechen, der seine Ideen flutet und performative Elemente allen Inhaltspointen vorzieht.

Nicht zuletzt dank dieser unverwüstlichen Kifferkomik hält Schneider sich in den 1970er Jahren über Wasser. Zwar will er partout kein fauler Arbeitsloser sein, »weil ich eigentlich gerne arbeite. Aber nur, was ich will. Nicht, was der Bauunternehmer will«, doch zunehmend machen sich beim jungen Helge Existenzängste breit. Wovon soll er seinen Lebensunterhalt bestreiten? Soll er für seine Musik jetzt auch noch Geld nehmen? »Ich habe ja keinen Beruf erlernt. Ich habe auch nichts zu Ende gemacht in meinem Leben. Ich habe einfach vor mich hingebröckelt.«

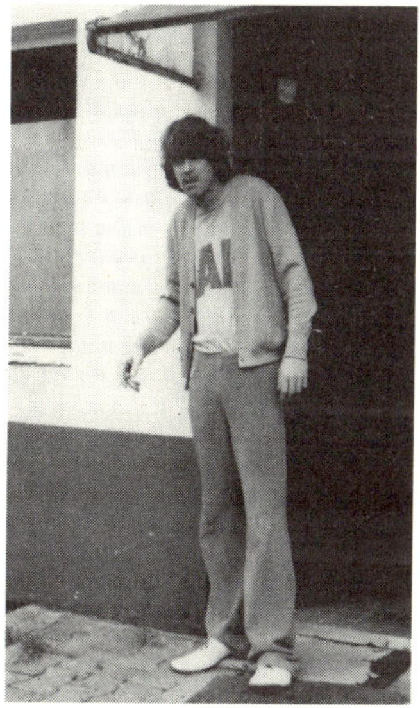

»Wo kann man hier heiraten?«

Mood Indigo und Meisenmann: Der Musiker und Sänger

Vom Jazz kann der jugendliche Helge bald nicht mehr lassen. Immer tiefer wühlt er sich in die Stilgeschichte dieser afroamerikanischen Musikform hinein, saugt die Sounds der Jazzlegenden in sich auf. Er vertieft sich in die Anfänge des New Orleans-Jazz, entdeckt die grollende Lebenslust des Trompeters und Sängers Louis Armstrong, spürt den Bebop-Bekenntnissen des Altsaxophonisten Charlie ›Bird‹ Parker nach, hört Duke Ellington, von dem Schneider sein untrügliches Klangfarben-Gespür haben dürfte, lauscht der kühlen Eleganz von Miles Davis' gestopfter Trompete, studiert den heiser-holzigen Sound des Tenorgiganten Sonny Rollins, die radikale Neuerungswut eines John Coltrane und findet schließlich in Thelonious Monk das *role model* für sein Pianospiel:

Mitte der 1950er Jahre hatte Monk sich daran gemacht, die Harmonie- und Formensprache des Jazz um sein eigenes störrisches Vokabular zu erweitern. Mit seinem eckigen Stil, motivisch aufgebauten Improvisationen und einem ausgeprägten Gefühl für die Tektonik eines Stücks avancierte Monk für den angehenden Pianisten Schneider zum Vorbild. Denn ebenso wie bei Monk hat man bei Schneiders Klavierspiel oft den Eindruck, als schlittere er durch harmonische Zusammenhänge, ohne dabei aber je die Orientierung zu verlieren – besonders schön zu hören auf Helges erstem Instrumentalalbum *The Last Jazz* (1987), wo er nicht nur alle Instrumente – vom Piano über Saxophon und Trompete bis zum Schlagzeug – selbst spielt, sondern im Titel »Misterioso« den Geist Monks auf den taumelnden Tasten eines Akkordeons kongenial beschwört.

Als weiteren wichtigen Einflussfaktor in seiner musikalischen Sozialisation nennt Schneider Frank Zappa. Auch durch ihn habe er den Weg in seine heutige Musik gefunden. »Zappa gefällt mir immer noch besser als zum Beispiel Bob Dylan, der auf eine bürgerliche Art ein Outlaw ist. Zappa hatte Humor. Humor ist prägend für mich.«

Die oft bitterböse *Obermutter* von der amerikanischen Westküste lehrt den jungen Schneider nicht nur die Kunst der Parodie und Satire: Zappas Phantasie, sein anarchischer Humor und seine kalkulierte Respektlosigkeit ermutigen Helge dazu, ohne Rücksicht auf Verluste seinen eigenen Weg zu gehen. In einem Konzert 1997 in Plauen bekennt er in seiner grammatikalisch verqueren Eigenart: »Musik ist der King, wenn du bei mir bin. Musik ist der King, wenn ich bei dir bist.« Nicht zufällig zeigen sich enge Bezüge zu Zappas legendärem Glaubensbekenntnis: »Information is not knowledge / Knowledge is not wisdom / Wisdom is not truth / Truth is not beauty / Beauty is not love / Love is not music / Music is THE BEST.«

Nach seinen diversen Schulabbrüchen ohne Abschluss geblieben, schafft es der musikbesessene Schneider immerhin, nach einer Sonderbegabtenprüfung ab 1972 auf dem Konservatorium in Duisburg Klavier zu studieren. Doch trotz seiner Verehrung für den russischen Klaviervirtuosen Vladimir Horowitz und für Johann Sebastian Bach merkt er schon bald, dass Notenlesen nicht seine Sache ist. Als Jazzmusiker meint er, auf Noten verzichten zu können. Aber er braucht etwas zu essen. Monatelang ernährt er sich nur von Kartoffeln und Eiern – »Zwiebeln waren auch gern gesehen.« Die Musik und seine unbändige Lust an Jam-Sessions werden zum Rettungsanker. Immerhin kann Helge mit einem Piano-Trio 1976 den ersten Preis auf dem »IKEA Jazz Festival« gewinnen: Eine Plattenaufnahme mit vier Evergreens von »Autumn Leaves« bis »Softly, as in a Morning Sunrise« und der Eigenkomposition »Kork-Suite«. Wer die Scheibe heute hört, erlebt eine reinrassige Jazzcombo, die wie der Teufel swingt und Verfremdungseffekte allenfalls als gelegentliches Mitsummen des Themas zulässt. 1977 folgen öffentliche Auftritte mit Peter Burschs Bröselmaschine, einer fortschrittlichen Folk-Rock-Band der ersten Stunde aus Duisburg.

In der Gruppe Wolkenbruch, die einen E-Pianisten sucht, trifft er auf den Drummer und Performance-Künstler Charly Weiss (ehemals Agitation Free und Kraftwerk). Unter den Namen Schneider/Weiss-Duo oder El Snyder & Charly McWhite rufen die beiden bald darauf eigene Band-Projekte ins Leben. Durch Weiss lernt Helge Saxophon-Heroen wie Roland Kirk oder Archie Shepp kennen und Jazz als ultimatives Lebensgefühl schätzen. »Alles, was Charly macht, ist Jazz. Seine Einzimmerwohnung ist Jazz«, erinnert sich Helge.

Nachdem er 1982 Vater einer Tochter wird, geht es plötzlich um reinen Broterwerb, Versagensängste werden immer stärker. In dieser Situation besinnt sich Schneider auf seinen speziellen Humor und beginnt mit der ihm eigenen Zähigkeit, selbst Plakate zu drucken, Auftritte zu organisieren: »Ich wusste, dass ich die Leute zum Lachen bringen kann. Das war für mich die einzige Aktie, die ich hatte.« Helge, der sich schon als Jazzpianist, als Studiomusiker und Stummfilmbegleiter zumindest im Ruhrgebiet einen Namen gemacht hat, fasst einen radikalen Entschluss: Fortan will er allen bürgerlichen Brotberufen aus dem Weg gehen und sein Einkommen allein als Musikclown, Komiker und Geschichtenerzähler sichern. Er experimentiert mit weiteren Musikinstrumenten wie Saxophon, Trompete, Schlagzeug und vor allem einer E-Gitarre, die er gern hendrixmäßig verzerrt und mit vollem Einsatz des Wimmerhakens (Vibratohebel) spielt. Hierbei erinnert er sich an ein Vorbild, das ihn schon als Kind dazu animierte, bei jeder Gelegenheit lustige Fratzen zu schneiden und wie ein alter Mann zu gehen: Grock, alias Adrian Wettach, der berühmte Schweizer Clown.

»Aus weißem Porzellan ist mein Gesicht«: Das frühe Vorbild Grock

Wer sich heute bei YouTube Auftritte von Grock ansieht, wird Ähnlichkeiten mit Helge Schneiders Bühnenprogramm nicht leugnen können: Grock galt als Prototyp des Musikclowns und beherrschte nicht weniger als 15 Instrumente von der Violine über Klavier, Saxophon und Klarinette bis zu Akkordeon und Gitarre. Obwohl gebürtiger Schweizer, machte er von Italien aus Karriere, da man in der Heimat mit seiner Komik zunächst nichts anfangen konnte. Schon als Kind soll er sich als Schlangenmensch versucht und mit verschiedensten Klangerzeugern experimentiert haben. Sein Markenzeichen wurde später eine klitzekleine Geige, die aber voll funktionsfähig war und in einem übergroßen Geigenkasten lag. Grock hatte – wie Schneider – nie eine professionelle musikalische Ausbildung absol-

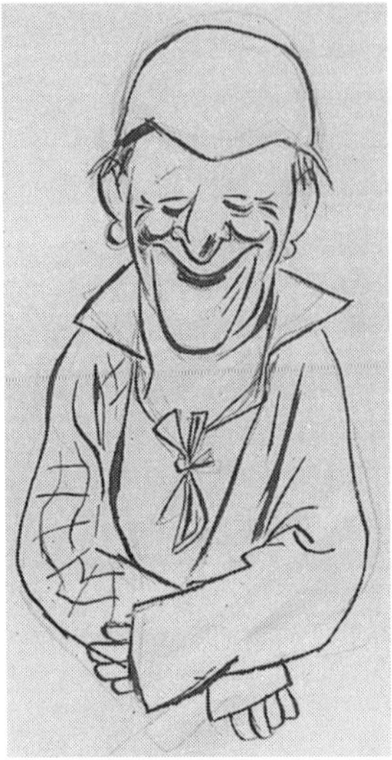

Grock, Zeichnung
von e. o. plauen

viert, obwohl er seine Instrumente allesamt virtuos beherrschte. Am liebsten arbeitete Grock auf der Bühne allein, allenfalls assistierte ihm ein Sidekick (damals hieß er noch »Stichwortgeber«) in seinen Shownummern. Seine Kahlköpfigkeit machte er bald zu seinem Markenzeichen, obwohl sie durch eine »Glatzenperücke« tatsächlich nur vorgetäuscht war.

Auch Helge Schneider tritt später wiederholt mit einer solchen Clowns-Perücke auf. So ist er beispielsweise auf dem Cover von *Akopalüze Nau!!!* von 2007 mit einer solchen Grock-Glatzenperücke abgebildet und gibt in seinen Shows gern das Grock-Bekenntnis zum Besten: »Aus weißem Porzellan ist mein Gesicht, doch wer wirklich unter der Gummiglatze schwitzt, interessiert kein Mensch.«

Neben Schlabberhosen, einem viel zu weiten Mantel und riesigen Schuhen war Grock für seine langgezogenen Ausrufe »Waruuuuum?« oder »Nit möööööglich!« berühmt – immer von naivem Augenaufschlag begleitet, der seine Verwunderung über alltägliche Dinge und Situationen unterstreicht. Dabei gleicht er einem neugierigen Kind, das immer wieder über die banalsten Sachen staunt und entzückt ist, wenn die gerade noch so ernsten und widerspenstigen Dinge plötzlich völlig neue Seiten offenbaren und zu wundersamen Spielzeugen mutieren. Grock spielte den Menschen jenes Kind vor, das in jedem von uns steckt und im Erwachsenenalter nur allzu oft verheimlicht wird. Sein Erstaunen war im wahrsten Sinne des Wortes *bodenlos* – eben auch im Sinne eines unheimlichem Abgrunds, der sich auftun kann, wenn man hinter die Dinge schaut. An dieser Schwelle verwandelte er sich wie jeder gute Clown in einen Alltagsphilosophen, der das Absurde zur Normalität verklärt.

Grocks Erfolgsgeheimnis bestand nach eigener Aussage darin, »dass er die kleinen, täglichen Ärgernisse nicht nur überwindet, sondern sie verfremdet und ins Ungeheuerliche steigert.« Er schaffte es, Fröhlichkeit aus nichts, ja: aus weniger als nichts zu erzeugen. Dies könnte auch das Credo von Helge Schneider sein: Wie Grock will auch er als Clown ein Universalkünstler werden, der tanzt, Musik macht, eigene Lieder schreibt und sich als verkannter Pantomime versucht.

Gehörte die nachdenkliche Traurigkeit schon immer zur Grundausstattung seiner Clownsfigur, so war Grock nach dem Zweiten Weltkrieg aller Optimismus abhanden gekommen.

> »Ich hab ja auch immer Clown gespielt, ich habe mich verkleidet, als Opa, als dicker Mann im Schlafanzug meines Vaters, da war ich ja erst vier Jahre alt und hab mir einen Bart angemalt, bin dann rausgegangen. Wahrscheinlich hatte ich einen unheimlichen Trieb, aufzufallen. Ich wollte wohl darauf aufmerksam machen, dass es ein anderes Leben gibt, als das, was man immer als tägliches Einerlei in unserem saturierten Einerlei, in den Betonschluchten, erlebt.«
>
> (Schneider im Interview)

Die großen Erfolge (einzelne Nummern hatte er bis zu 60 Minuten ausgedehnt) lagen lange zurück und sein eigenes Zirkusunternehmen florierte nur kurze Zeit. Als er, inzwischen grauhaarig geworden, in Paris ein Comeback zu starten versuchte, bemerkte er ernüchtert: »Das Leben ist lausig, die meisten der alten Clowns sind tot und es sind keine neuen gekommen.« Doch auf den jungen Helge machte die Mischung aus hemmungslosem Gelächter und leiser Melancholie den nachhaltigsten Eindruck. Grock wurde ihm zur frühkindlichen Prägung, zur Leitfigur.

Kunst des gekonnten Misslingens

Anfang der 1980er Jahre hat Schneider ein Soloprogramm entwickelt, das alle damals gültigen Vorstellungen von Bühnenunterhaltung sprengt. »Früher, wenn ich irgendwo hingekommen bin, dann haben sie immer gedacht: ›Wat is dat denn für einer?‹« Oft sind nur zwei Leute im Saal, die aber bis zum Schluss bleiben, zwei, drei Stunden lang, und einen tollen Abend erleben. Mit dicker Kassenbrille, bis obenhin zugeknöpftem Parka, Persianermütze und Tasche unterm Arm singt Schneider mit unbewegtem Gesichtsausdruck im Playback Sinatras »Saturday Night«, um im nächsten Moment eine absurde Aktentaschenhasen-Nummer (»Dieser Hase hat etwas ganz Besonderes, ich weiß auch nicht, was es ist.«) abzuziehen. Eine ungelenke Schlagzeug-Pantomime wechselt mit einem Tenorsaxophonsolo im besten, hauchigen und bauchigen Ben-Webster-Stil über »Body and Soul«. Schon damals erprobt er zu wüster Akkordeonbegleitung seinen späteren Hit »Mädchen wollen küssen«.

In diese Zeit fällt auch seine Bekanntschaft mit Sergej Gleithmann alias Volker Bertzky. Dieser stammt wie Schneider und der 2010 verstorbene Aktionskünstler, Regisseur und Theatermann Christoph Schlingensief aus der selbsternannten Mülheimer Avantgarde-Szene. In vielen Helge-Programmen agiert er als Saxophonist, Congaspieler und Ausdruckstänzer, der lange, zottelige Vollbart aber ist sein eigentliches Markenzeichen. Den Künstlernamen Sergej Gleithmann hat Schneider ihm während erster gemeinsamer Aufritte zu Beginn der 1980er Jahre verliehen. Gleithmann kämmte sich den Bart über die Augen, steckte ihn mit einer Brille fest und wurde von Helge mit den Worten angesagt: »Gleithmann heißt der Löwenmensch, komm sing dein Lied«. Heraus kam aber nur ein bemitleidenswertes, schrilles Miauen. Während der *I Brake Together*-Tour (2006–08) wechselte Gleithmann in die Rolle der kaukasischen Bartfrau Gisela Koch, und noch im Jahr 2017 während der *Radio Pollepopp*-Konzerte preist Schneider Gleithmanns Ruhm: »Er ist weltbekannt – in seiner eigenen Wohnung.«

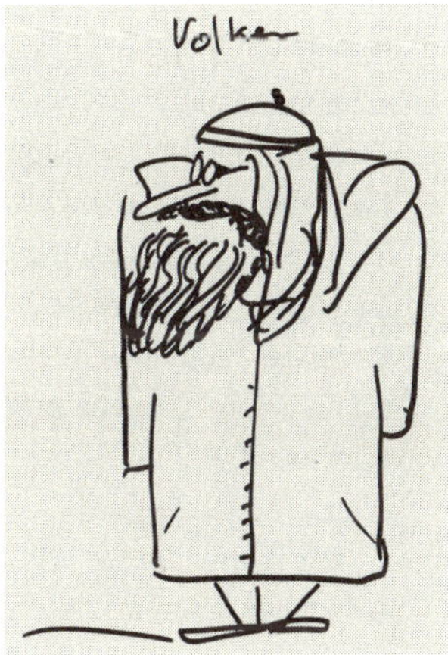

Sergej Gleithmann,
von Schneider skizziert

Während in seinen frühen Solo-Shows die Musik noch weitgehend vom Band kam und allenfalls von »Solata« auf Klavier oder Trompete unterbrochen wurde, findet Schneider mit Muttertag Five (Peter Thoms am Schlagzeug, Reinhard Glöder am Bass, Susanne Betancor an diversen Blasinstrumenten und Buddy Casino an der Orgel) zu seiner ersten richtigen Live-Band. Nach einem umjubelten Auftritt im Frühjahr 1989 auf dem New Jazz Festival Moers (die Band spielt zwei Tage lang auf der Ladefläche eines Lastwagens) folgt ein weiterer Triumph im Bochumer Café Sack. In einer selbstverfassten Konzertrezension schreibt er, dass zwar viele kleine »sogenannte Hardcore-Fanclubs gegründet werden. Trotzdem ist Helge Schneider ein unscheinbarer, hässlicher Zwerg geblieben und auch arm.«

Im Bochumer Bahnhof Langendreer geht im selben Jahr ein Auftritt von Muttertag Five mit einem völlig überdrehten Christoph Schlingensief als Ansager über die Bühne, der alle Tugenden dieser Dekonstruktions-Truppe versammelt: »Ob in Hamburg oder in Paris – Tränen sind aus Holz!« deklamiert ein clownesk kostümierter Helge einleitend und führt im Folgenden den Produktionsprozess von Show-Sensationen durch ihre Überaffirmation ad absurdum. Dazu gehört auch, dass er schon mal den Liedtext in einem Buch nachschlagen muss, umständlich die Schuhe wechselt, daraus eine eigene Nummer macht und in zu engem Anzug, zu breiter Krawatte, mit Schlaghose, und unsicher-ungelenken Schritten über die Bühne stakst. Seit damals sabotiert er das Gelingen eines jeden Konzerts, und genau diese radikale Strategie der künstlerischen »Selbstzerstörung« führt zu einem Gelingen zweiter Ordnung. Auf seine Art ist Helge der »Perfektionist des gekonnten Misslingens«.

Mit frühen Songs wie »Texas«, »Es hat gefunkt bei mir« oder »Mädchen wollen küssen« gibt Schneider liebevoll den Schlagersänger als Antitypen. Die Slapstick-Pantomime »Der glatte Stuhl« (Schneider rutscht hier langsam in allen möglichen Verrenkungen immer wieder von einem roten Ledersessel) leitet

»Wir haben hier eine Spitzenformation internationaler Künstler mit hochrangigen Persönlichkeiten, Menschen wie du und ich, großartige Verlierer, großartige Gewinner. Das Leben hat überall Falten. Auch ich habe Falten, doch ich stehe zu meinen Falten, besonders zu der einen [...]. Wir haben natürlich alle auch ein Bett und dieses Bett wartet auf uns, wie Blumen im Frühling, wie zarte Knospen – du sollst sie nicht zertreten! Lyrik und Poesie gehören zusammen, niemals wollen wir scheiden, doch Humor muss auch manchmal dabei sein.«
(Schneider in einer Konzertansage)

bruchlos zum zehnsekündigen Auftritt von »Kommissar Margret« über. »Ja, das ist Entertainment, das ist Show, das zieht voll rein, das ist Jazz!«. Am Klavier singt er eine Hommage an Edith Piaf: »Je ne griäh, gräh de riän« und ist schon beim nächsten Act, einer pantomimischen Verbeugung vor »Marziell Marzoo«. In einer Politiker-Nummer parodiert er die Parodisten, amüsiert sich über Comedians, indem er als eine Art Thomas-Freitag-Ersatzmann in den Nachahmungsbemühungen von Helmut Kohl und Willy Brandt immer wieder virtuos versagt und die Stimmimitationen in sinnlosem Stammeln versanden lässt. Mit wüstem E-Gitarrenspiel schrammt er knapp an jedem Ton vorbei und die abschließende Vorstellung der Musiker mit unglaublich uneleganten Worterfindungen vermittelt eine Ahnung davon, wie sich nach und nach aus solchen Moderationen ganze Geschichten entwickeln werden, die in ihrer Sprunghaftigkeit einer Grundsatzerklärung der Schneider'schen Komik gleichkommen. Wenn Schneider in diesem Zusammenhang wiederholt darauf hinweist, dass sein

Humor davon abhängt, wie viel Geld er dafür bekommt (»mehr Geld, mehr Humor«), dann spielt er offensiv auf Frank Zappas selbstironischen Grundsatz »We're only in it for the money« an.

Weil die Presse ihn in ihren hilflosen Versuchen der Einordnung mal als Kabarettisten, dann wieder als Komiker tituliert, erfindet Helge für sich die Bezeichnung »Singende Herrentorte« – in ihrer charmanten Unsinnigkeit trifft sie Schneiders Ingenium bis heute am besten.

Doch schon in den frühen Programmen achtet er darauf, dass die reale Person Helge Schneider nie deckungsgleich mit der Figur »Helge Schneider« ist. Die Figur wird von dem realen Helge in immer neuen Verkettungen und Verdrehungen entworfen – ähnlich einem Jazzmusiker, der jedes Mal über ein Thema neu improvisiert. So existieren diese vielen Schneiders nur als sprunghafte Momentaufnahmen, oft sogar nur für die Dauer eines Wortes oder eines Sounds. Und gerade weil er in der unendlichen Kette seiner Schneider-Typen immer wieder von einem zum nächsten springt, kann sich der reale Schneider immer wieder entziehen, sich quasi unkenntlich machen hinter seiner Rolle: »Mein Traum war es, Helge Schneider zu werden, und ich hab mir dann eines Tages diesen Traum wahr gemacht, habe mir den Namen zugelegt, von Geburt an, übrigens.«

Während seiner Konzerte macht Schneider dann massiv Werbung für seine Debüt-LP *Seine größten Erfolge* (1991). Auf der Rückseite des Albums sind weitere Plattencover abgebildet, die es zu dem Zeitpunkt aber noch gar nicht gab. Auch die Band Muttertag Five gab es bald nicht mehr. Buddy Casino erinnert sich, dass er Schneider während eines Jobs als Barpianist in Mülheim kennenlernte: »Er hatte damals schon tausend

Connections, wir haben auf Ostermärschen gespielt, bei der Eröffnung eines Parkhauses usw. Reinhard Glöder, unser Bassist, brach sich eines Tages den Arm, aber wir hatten einen Gig, und Helge sagte ›Komm, egal, spielen wir zu dritt‹. Und dann merkte er, das geht ja auch.«

Buddy Casino alias Hartmut Grabe, Jahrgang 1954, ist ein akademisch geschulter Profi. Er studierte von 1977 bis 1979 Jazz an der Swiss Jazz School in Bern, bevor er am renommierten Berklee College of Music in Boston sein Musikstudium abschloss. Sein sämiges Spiel auf der Farfisa-Orgel grundiert kongenial Schneiders waghalsige Exkursionen, die er auf bald 20 verschiedenen Instrumenten unternimmt: Neben Triangel, Panflöte und Geige zählt auch das Vibraphon zu Helges bevorzugten Klangerzeugern. Laut Buddy Casino lernte Schneider deshalb so viele Instrumente, »weil er den Zustand des ›Ich kann es nicht‹ geliebt hat, den Anfang, dem ja was Magisches innewohnt.«

Wer Schneiders eigenwillige Interpretation des Ellington-Klassikers »Mood Indigo« auf dem Vibraphon hört, spürt unwillkürlich jenen *Charme des Vertrauten*, der noch in jeder rhythmischen und tonalen Verfremdung Schneiders wohnt. Über sein nunmehr konsolidiertes Trio war er mehr als glücklich: »Durch diese Reduzierung bekam unser Auftritt einen ungeheuren Effekt. Eine alte, angemalte Ibizenkentucke an einem selbst gebastelten Haufen Müll, der ein Schlagzeug darstellen soll, ein fremdartiges Ungeheuer an einer kreischenden Klapporgel und ein dünner Mann mit hohen Schuhen, der nur Mist erzählt, ab und zu mal ein bisschen singt. Die Band Hardcore war geboren.« Ihre Tourneen bringen für Schneider den bundesweiten Durchbruch und seine Frotzeleien mit dem Schlagzeuger Peter Thoms werden bald zum Running Gag.

Der ist 15 Jahre älter als Helge und dient von Anfang an als *Sidekick*, der liebevoll verunglimpft wird: »Mit seiner Getreidemühle ist er der Zampano im Altenstift.«

Ursprünglich war Thoms Lehrer, der sich aber bald – nicht zuletzt wegen der ständigen Disziplin-Probleme seiner Schüler – in diesem Job nicht mehr wohlfühlte und stattdessen als Schlagzeuger in verschiedene Bands einstieg. Weil bei Hardcore sein Alter »zwischen 60 und 120« angegeben wird, antwortet Thoms bald selbstironisch mit dem Lied »My name is Peter, I'm old«. Thoms ist ein leidenschaftlicher Drummer, der mit seiner feinziselierten Akzentuierung die Songs von Helge ungemein bereichert. Mit seinem Interesse an Schlaginstrumenten aller Art (von afrikanischen Trommeln bis zu

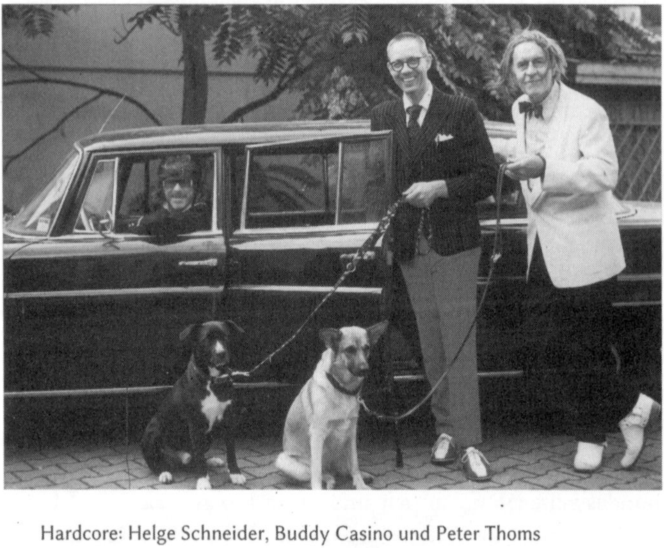

Hardcore: Helge Schneider, Buddy Casino und Peter Thoms

> »Er ist sich seiner musikalischen Qualität so sicher, da kann er Dinge machen, die höchst riskant sind, die ihm normalerweise das Genick brechen würden im Showbusiness, weil er sich sagt: ›Ich bin ja eigentlich Musiker und da bin ich unangefochten, unantastbar geworden.‹«
> (Peter Thoms im Interview)

indischen Tablas) wird er für Schneider zum idealen Perkussionisten, der nicht nur seine Rhythmen als vertrauensbildende Maßnahmen versteht, sondern als Geräuschlieferant entscheidend zum Sounddesign von *Hardcore* beiträgt.

Buddy Casino, der laut Schneider aus Las Vegas stammt, ist überzeugt, dass Helge ein großartiger Musiker ist, »ein Musikant eigentlich, der vor allem sehr gut imitieren kann. Er kann so spielen, dass es wirkt, als würde Miles Davis Trompete spielen. Er lernt aber keine Miles-Davis-Phrasen auswendig, wie andere Musiker, sondern er kann die tiefere Natur von dem ganzen Phänomen Miles Davis erfassen.«

Erfindung aus dem Augenblick: Der Mythos ›Improvisation‹

Schneiders Souveränität gründet sich vor allem auf seine traumwandlerisch sichere Fähigkeit zur Improvisation, zur Klang- und Wortschöpfung aus dem Augenblick heraus. Er begreift sich als Erfinder, der während eines Auftritts auch schon mal ein gänzlich neues Lied erfindet, das dank seiner kompetenten Mitmusiker auch funktioniert. »Das ist dann der Hit des Abends, meist ein Lied, mit dem ich mich bei meinen Fans ganz besonders anbiedere, wie zum Beispiel neulich in Bochum eine Neufassung von Herbert Grönemeyers ›Bochum, ich komm' aus Dir‹ – nur mit anderem Text und vor allen Dingen mit anderer Musik und anderem Sänger.«

Schneider weiß, dass die Fähigkeit zur Improvisation eine Gabe ist, die man nicht vollkommen erklären kann. Gleichwohl blickt die »Improvisation« auf eine lange Tradition zurück: In der westlichen Musikkultur, vor allem in der Volksmusik, in Volkstänzen, und ganz allgemein in der Volkskunst spielte Improvisation schon immer eine wichtige Rolle. Sie bot dem Einzelnen Gelegenheit zur Selbstdarstellung und schon die Entstehung des ersten Musikmaterials in der Menschheitsgeschichte dürfte allein auf improvisatorischer Basis möglich gewesen sein. Obwohl das Improvisieren heute als Grundprinzip des Jazz gilt, war es schon im frühen 19. Jahrhundert Bestandteil des klassischen Konzertbetriebs – in der Klassik und Romantik auch »Fantasieren« genannt. Wer ein guter Komponist sein wollte, musste selbstverständlich auch ein guter Instrumentalist und in der Lage sein, das Publikum durch spontane Improvisationen zu begeistern. Bach, Mozart und Beethoven waren in diesem Sinne ebenso Improvisatoren wie beispielsweise Mendelssohn, Chopin, Liszt oder Bruckner.

In dem Maße jedoch, wie sich im Laufe des 19. Jahrhunderts ein geradezu emphatischer Werkbegriff durchsetzte, ließ sich die Improvisation zunehmend vom Notendiktat der Komposition verdrängen. Seit Beginn des 20. Jahrhunderts wurde die abendländische Musikpraxis der sogenannten ernsten Musik dann so stark vom Notentext beherrscht, dass Improvisation als etwas Minderwertiges galt, als etwas, dem halt eine Notenvorlage fehlte (Schneider hatte dies instinktiv während seines Klavierstudiums gespürt). Deshalb sprach man der Improvisation den Werkcharakter ganz ab, sie avancierte zum Gegenpol des modernen Musikverständnisses, zum mysteriösen *Anderen* der abendländischen Musikidee. Von jetzt an wurde Improvisation nahezu ausschließlich in den Jazz verbannt, der gerade deshalb als besonders kreativ galt. Und doch kann Improvisation nie voraussetzungslos stattfinden. Von dem Bassisten und Komponisten Charles Mingus stammt das treffende Bonmot: »You can't improvise on nothing, you've gotta improvise on something.« Oder anders ausgedrückt: Man kann nur im Rahmen musikalischer Modelle und Konventionen, die sich Musiker in langwierigen Lernprozessen aneignen müssen, etwas Vorhandenes verändern und so etwas Neues schaffen. Es handelt sich dabei zunächst um ein Repertoire von Jazz-Melodien, um Phrasierungsregeln zu ihrer Ausschmückung, um harmonische Zusammenhänge, um Einbindung in den musikalischen Fluss.

Der Free Jazz der späten 1960er Jahre brach dann mit dieser Konvention und machte aus dem Ideal der freien Improvisation geradezu einen Fetisch – unter vermeintlichem Verzicht auf alle Fesseln musikalischer Formen und Regeln. Doch der improvisierende Musiker erfindet natürlich nicht alles radikal neu, da er ein Repertoire aus fixierten Mustern, Stereotypen und Schemata besitzt, aus dem er schöpfen kann: Er erinnert sich melodischer, rhythmischer und harmonischer Klischees sowie deren Anwendungen.

In der Tat ist nämlich Improvisation aus einem Tabula-rasa-Bewusstsein heraus, das keinerlei Voraussetzungen kennt, schlechterdings unmöglich. Und doch wird noch heute im Jazz Improvisation gern mit absoluter Spontaneität, mit dem unmittelbaren Erfinden neuer musikalischer Zusammenhänge aus dem Augenblick heraus identifiziert.

Auch wenn Schneider sich gern zur radikalen Spontaneität bekennt, ist seine Improvisationskunst dadurch charakterisiert, dass er sich über die Jahre ein reichhaltiges Repertoire an komischen Versatzstücken, Pointen, Aperçus und witzigen Kleinbauteilen erarbeitet hat, die er in immer neuen Kombinationen zusammenfügt, ja regelrecht aneinander konstruiert. Zum Gerüst der im Vorfeld mit der Band abgesprochenen Songs und Instrumentalstücke kommen dann fragmentarische Formen, in ihrer Plötzlichkeit verwirrende Injektionen hinzu – und genau aus dieser Einflechtung und Verflechtung besteht Schneiders eigentliche Kreativität. Er spielt Jazz als Live-Komik. »Dieses langsame Sich-selbst-irgendwas-Ausdenken – das ist die Grundlage meiner Technik.« Seine hemmungslosen Improvisationen schöpfen dabei aus einem Spiel mit Klangfarben, Zwischentönen, Pausen, Tonfällen, Spiel- und Sprechhaltungen. Vielleicht lässt sich Schneiders Improvisations-Begriff am besten als »konstruktiver Umgang mit Unbestimmtheit« charakterisieren. Er weiß *noch nicht*, was als nächstes kommt, doch das führt er *schon jetzt* aus.

Neben dieser Vorläufigkeit und ständig irritierenden Metamorphose ist es vor allem die scheinbare Unvollkommenheit seiner Aktionen, die ihn auf Anhieb sympathisch macht. Der Schriftsteller Max Goldt ist überzeugt, dass Schneider die Menschen deshalb in Wonne versetzt, weil er so tut, »als würde er das, was er virtuos beherrscht, nämlich Singen, Erzählen, Spielen auf diversen Instrumenten, gar nicht richtig können.«

»Pflaumenbaum across the sea«: Absurde Coverversionen

Als Sänger schlüpft Schneider von Anfang an in verschiedene Rollen: Mal gibt er den Crooner, der wie Frank Sinatra mit betörender Stimme seine innige Beziehung zum Mikrophon ausdrückt (»Saturday Night«), dann den schmalztriefenden Schlagersänger. Singt er den Blues (»So'n Blues zieht immer!«), kann er nicht nur das grollende Organ eines Howlin' Wolf imitieren, sondern entlarvt dabei die liebgewonnenen Klischees dieses Genres. Minutenlang singt er »I was born«, um dann in den ewig repetierten Satz »I woke up this morning« zu wechseln und mit »I was born to wake up this morning« den Höhepunkt zu erreichen. Oder er verfällt in das anheimelnde Wienerisch eines Hans Moser und sagt sich »Trink ma noch a Glaserl Wein«.

Oft überdreht Schneider während eines Lieds seine Stimme und lässt sie in ein Falsett umkippen oder in einen Bariton abstürzen. Gerade in seiner Frühzeit setzt er oft auf eine mickymaushafte Intonation oder einen meckernden Sprachklang, der ihn wie eine Comic-Figur klingen lässt. Auch plötzliche Schreie und lautmalerische Ausbrüche zählen zu Schneiders Stilmitteln. Es kann dann mitunter zu dem von Schneider in seiner Autobiographie *Guten Tach* schon beschriebenen »total unappetitlichen Rausschleudern von Wort- und Speiseresten« kommen.

Oft bricht mitten im Stück auch ein Lachen in den Text ein, so als würde Schneider sich über seinen eigenen Unsinn amüsieren: Mit diesem Lachen entlarvt er den Inszenierungscharakter der eigenen Darbietung. Dem Zuschauer soll erst gar keine Authentizität des Vortrags suggeriert werden. Das Lachen über das eigene Versagen bzw. die eigene Unvollkommenheit verstößt dabei bewusst gegen alle Regeln des Show-

»Und so kommt es, dass ich beim Singen direkt vor dem Schlagzeug stehe, hinter mir ist die Orgel, und ich habe mir die Knie an Peters Stöcken aufgeschlagen. Das tut sehr weh. Um den Schmerz zu übertünchen, habe ich gelacht. Denn Weinen ist nicht gut auf der Welt. Sie ist sowieso so trist.«
(Selbstauskunft Helge Schneiders)

business. Und so zählen auch die meisten seiner Lieder zur typischen Verweigerungskomik Schneiders. Auf dem Album *Guten Tach* mit der Hardcore-Band ist dieses selbstreflexive Lachen mehrfach zu hören.

Zum Lachen fordert vor allem seine Neuerfindung des Gassenhauers »House of the Rising Sun« heraus –, ein Song, der durch Eric Burdons Interpretation mit den Animals zu einem Welthit und für jeden Gitarrenanfänger zur ersten Pflichtübung geworden ist. Eben diesen liebgewonnenen Klischeecharakter entlarvt Schneider, wenn er in völliger Verschwurbelung des Textes behauptet: »My mother was a taylor-man, way down across the ocean. And I am the house of the rising sun, you can call me New Orleans.« Mit einem hemmungslos übertriebenen Wah-Wah-Solo der Gitarre unterstreicht Helge die neue Fremdheit des völlig abgenudelten Stücks und macht es so wieder genießbar.

Von ähnlich aufschließender Absurdität ist Schneiders wundersame Verfremdung – Treuherzigkeit plus logische Fehlschlüsse – des Millionensellers »Butterfly« (1971) von Danyel Gérard mit den herrlichen Zeilen »Pflaumenbaum, Pflaumenbaum, Pflaumenbaum across the sea. Pflaumenbaum to my Oma, Pflaumenbaum vergess ich nie« (Rod Stewarts Welthit »Sailing« winkt um die Ecke). Ein ähnliches Verfahren wendet er bei seiner rasanten Version von Charlie Parkers harmonisch vertrackter Bebop-Nummer »Donna Lee« an: Der einleitend virtuose Sprechgesang mäandert alsbald in eine Art selbstgestrickten Low-Budget-Scat.

Schneider folgt dabei einem raffinierten Grundsatz: »Wenn wir Musik machen, Jazz und so, dann fällt manchmal gar nicht auf, dass das Jazz ist.« Dabei gleicht er nicht selten einem Kind, das ein mühsam aus Bauklötzen errichtetes Gebäude mutwillig wieder kaputt macht: Nach ein paar perfekt gespielten Chorussen bricht er plötzlich ab, als sei das nicht so ernst gemeint gewesen: »Damit entzieht er sich allem und damit kokettiert er auch« (Buddy Casino).

Andererseits kündigt Schneider gern, wenn ihm die lautstarken Forderungen des Publikums nach »Katzeklo« zu heftig werden, eine Runde »Strafjazz« an. Dann kommt der heimliche Jazzpädagoge zum Vorschein, der mit Klassikern wie »Sophisticated Lady« oder »Giant Steps« den Zuhörern einfach nur *gute Musik* vermitteln möchte. Letztlich ist er also auch ein verkappter Weltverbesserer. Wenn er etwa in seinem Vorspruch zum Nonsens-Liedchen »Ladiladiho« erklärt: »Es ist eine Welt des Horrors, der Qualen und des Entsetzens. Meine Lieder spielen in dieser Welt und machen alles wieder gut.«

Das »Katzeklo«-Mysterium

Schneiders bis heute größter Hit »Katzeklo« (auch als »Katzenklo« bekannt) gehorcht in seiner harmlosen Kindlichkeit einem heilenden Impuls der Musik: In harten, kalten Zeiten können Naivität und aufgeklärte Zwecklosigkeit als Pulswärmer fungieren. Wer über diesen Schwachsinnstext lacht, lacht zugleich über sich selbst. Die kaum verhehlte Jingle-Bells-Dekonstruktion schaffte es im April 1994 bis auf Platz 13 der deutschen Charts. Die Inspiration für das lustige Liedchen kam angeblich von Helges inzwischen verstorbenem Kater Fritz. »Das waren nur drei Minuten Arbeit«, gesteht Helge. Nach eigener Aussage wird er inzwischen sogar auf der Straße mit »Katzeklo« angesprochen. Peter Thoms staunt noch immer, »dass sowas Blödes so viel Aufmerksamkeit erreicht, das ist schon ein Knüller.« Dabei kann man den simplen Song leicht missverstehen, wenn man beispielsweise wie Klaus-Peter Walter in seinem »Lexikon der Kriminalliteratur 8« behauptet, dass Schneider mit seinem Hit »den deutschen Schlager auf einen neuen geistigen Tiefpunkt« geführt habe.

Schneider selbst hat den albernen Abgesang auf seine Katze immer als »ein rhythmisches, ein harmonisches Drama« begriffen. Und wer wollte bei Zeilen wie »Eine Katze will immerzu fressen. Ich gebe ihr was, ich geb ihr was zu fressen und sie bezahlt nichts dafür« an dieser Einschätzung zweifeln? Doch man kann die nachhaltige Wirkung des Liedes auch komiktheoretisch deuten: Der Literaturwissenschaftler Wolfgang Iser hat für die Erklärung des Komischen den Begriff der »Kipp-Figur« in die Debatte eingeführt. Danach müssen die Erwartungshaltung des Zuschauers/Zuhörers und der Gegenstand der Komik zunächst heftig kollidieren. Die Position des Zuhörers kippt, wenn er die Komik akzeptiert. Er ist verblüfft und zunächst orientierungslos. Sein Lachen hebt dann »als körperliche Reaktion auf diese Art von verstrickter Situation« (Jan Hosmann) den vermeintlichen Gegensatz der beiden Positionen auf.

Wer »Katzeklo« zum ersten Mal hört, wird aufgrund der kindlichen Unschuld, die der Text vorgaukelt, und der Mitsing-Attitüde kaum umhin kommen, seiner Verwunderung über so viel dreisten Klamauk im verblüfften Auflachen Ausdruck zu verleihen. Komik und damit auch das Komische dieses Liedes liegen laut Sigmund Freud im »Vorbewussten« begründet. Während ein Witz nur gemacht, konstruiert werden kann, muss die Komik gefunden werden. Während ein Witz im Verstehen seiner Pointe aus Unsinn Sinn produziert, lässt die Komik den Gegenstand des Lachens in seiner ganzen grandiosen Unsinnigkeit vor dem Zuhörer bestehen. An »Katzeklo« gibt es nun einmal nichts zu verstehen!

Doch Schneider weiß genau, dass es nicht die eine Version des Hits gibt, sondern nur eine unendliche Reihe von Variationen. Wenn der feierwütige Teil seines Publikums bei »Katzeklo« in tumbes Mitklatschen verfällt, lässt Helge es gern durch versteckte Breaks in seinem Spiel ins Leere laufen. Er verändert dann minimal den Rhythmus und kann anschließend mit Unschuldsmine verkünden, dass er nicht *richtig* spielen könne, wenn *falsch* geklatscht würde.

Mit dem Album *Es gibt Reis, Baby* (1993), das neben Ohrwürmern wie »Telefonmann« oder »Buttersong« auch besagten Millionenhit »Katzeklo« enthält, gelingt Helge Schneider & Hardcore in Deutschland der endgültige Durchbruch. Die Platte hält sich 25 Wochen in den deutschen Charts und gilt bis heute als Schneiders kommerziell erfolgreichster Tonträger – vielleicht weil das Titelstück so sinnige Zeilen enthält wie »Hey Baby, zeig mal deine Hände. Die sind kleiner als meine, damit kannst du besser in die Ecken zum Putzen.« Der Zweizeiler »Ein Rabe geht im Feld spazieren, da fällt der Weizen um« steht dagegen in bester Rilke-Tradition. Verstärkt noch durch seinen Auftritt bei *Wetten, dass ...?* am 12. März 1994 – die Sendung erreicht 16 Millionen Zuschauer – avanciert »Helge-Popelge« zum Liebling aller Talkshows.

Doch zwei Jahre später zerbricht Hardcore. Für viele Fans ist das Trio bis heute die ideale Begleitband für Schneider geblieben. Während das Ende für Peter Thoms kein Problem zu sein schien, gestaltete es sich für Buddy Casino schon etwas schwieriger. Schneider selbst suchte nach der Auflösung von *Hardcore* in einem selbstironischen Vergleich Trost: »Von Buddy Casino habe ich lange nichts gehört, der ist wohl ausgewandert. Aber das ist nicht schlimm, die Beatles gibt es ja auch nicht mehr.« Doch im Unterschied zu den *Beatles* sollten Helge, Peter und Buddy später doch noch einmal zusammenkommen.

»Meisenmann« und »Fitze Fatze«

Schneider kehrt 1995 mit einer Big Band auf die Bühne zurück, während das parallel erschienene Album *Es rappelt im Karton* noch Aufnahmen mit *Hardcore* dokumentiert. Vor allem aber enthält es mit »Meisenmann« Helges vielleicht schönstes Lied. Auch diese Meditation über einen Meisenvater, der unter großen Schwierigkeiten seine Familie ernähren muss, lebt von seiner kindlichen-verschrobenen Anmutung. In Schneiders Konzerten gibt es unzählige Variationen der Urfassung – auch hier schlägt sein Improvisations-Prinzip voll durch. Man darf vermuten, dass die Adlergeschichte, wie er sie in seiner Autobiographie *Guten Tach* gegen Ende ausbreitet, beim »Meisenmann« Pate gestanden hat: »Es war der Adlerrüde, der jetzt zurückgeflogen kam. Und noch ein zweiter Adler war zu sehen, es war wohl das Weibchen. Sie wirkte ein bisschen kleiner, aber hatte lange Haare. Der Mann war wohl schon älter, er hatte Halbglatze.«

Besonders gelungen sind jene »Meisenmann«-Versionen, in denen Schneider seine eigene Gesangsstimme mit der von Udo Lindenberg verblendet, sodass beide Stimmen ineinander übergehen: Für Sekunden dominiert mal die eine, mal die andere. Natürlich macht Udos Beteiligung an dem Lied einen sozialkritischen Ansatz notwendig. Und so kann Helge in perfekter Imitation von Lindenbergs schnoddrigem Jargon resümieren: »Ich habe bald die Schnauze voll, von diesem Erderwärmungs-Rock-'n'-Roll.«

In einer der jüngsten Variationen zeigt Schneider den »Meisenmann« als Social-Media-Addict: Der Vogel hat sich nämlich seine Frau über ein Dating-Portal gesucht. Da muss er sich dann nicht wundern, dass sie eine Kuckucksfrau und zwölfmal so groß wie er ist – ganz anders als auf ihren im Internet geposteten Fotos. Helges lakonische Erklärung: »Sie benutzte das falsche Foto einer befreundeten Finkin«.

Auf dem Doppelalbum *Da Humm* (1997) mit wundervollen Jazznummern (»Round About Midnight«) und noch schöneren Geschichten (»Videoprodukt«) findet sich mit »Fitze Fatze« dann der Versuch, an die kommerziell erfolgreiche Nonsens-Logik von »Katzeklo« anzuschließen, doch hat das Ganze nur mäßigen Erfolg.

Sein nachfolgendes Live-Album »Berlin Tapes« mit einer Art Best-Of-Live-Programm kündigt Schneider dagegen mit den wundersamen Worten an: »Meine Herren! Aber vor allen Dingen für Damen ist mein neuer Stil, eine Synthese aus schon vorgegebenen Tönen (wir wissen, dass auch semi-professionelle Künstler wie Reinhard Mey oder Zarah Leander Töne wie A oder E verwenden) und noch nie dagewesenen Tasten, die ich mit perforierter Fingerkuppe anschlage.«

Schneiders Tierleben

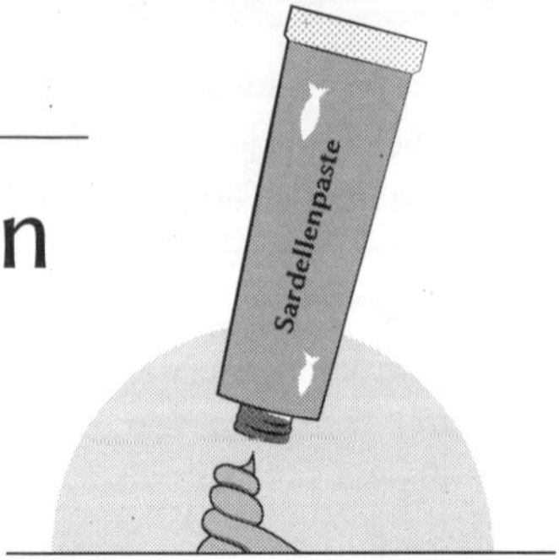

Säugetiere

Affe
Auerochse (Ur)
»Babette« (Pferd)
Bambi
Bärenhase
»Bellender Knochen« (Hund)
Braunbär
Bulle
Dackel
Delfin
Dromedar
Eber
Eisbär
Elch
Elefant
»Fannie« (Pferd)
Falscher Rehrücken
Fledermaus
Foxterrier
Gazelle
Giraffe
Glasiertes Meerschwein
Goldhamster »Sherry«
Gürteltier
Hammel
»Hasso, der Hund von nebenan«
Honigkuchenpferd
Hottemax (Pferd)
Igel »Harry«
Jaguar
Kalb
Kamel
Känguru
Katze »Das Untier«
Katzenoma
Koalabär
Kodiakbär
Kuh
Kuh-Rüde
Löwe
Lumpi & Co.
Mickey Mouse
Nashorn
Nilpferd
Ochse
Orang Utan Klaus »gestiftet von der Firma Dujardin«
Osterhase
Pony »Ilse«
Rehin
Rehmama
Rehrüde
Rehzicke
Sau
Schaf (Lämmchen)
Schlittenhund
Sesamaffe
Stachelschwein
Schweine-Sau
Teddybär
Tiger
Wanderratte
Walross
Wolf
Zwergpinscher

Fische

Aal
Blauhai
Fischimitat
Flusshecht
Goldfisch
Hai (viereckig)
Hering
Heringsersatzpaste
Kampffisch
Karpfen
Lungenfisch
Moräne
Putzerfisch
Saibling
Sardellenpaste »ach nein, das ist ja kein Tier, da sind ja keine Beine dran«
Teufelsfisch

Insekten

Biene
Blattlaus
Bücherwurm
Elefantenhornisse (Elefantisse)
Floh
Gewitterwürmchen
Kakerlake
Küchenschabe
Laus »Jean-Jacques«
Made
Maikäfer
Marienkäfer
Mücke
Nachtfalter »ockerfarben«
Raupe
Sackratten
Schmetterling
Silberfisch
Waldameise
Wanze
Zecke

Hai (viereckig)

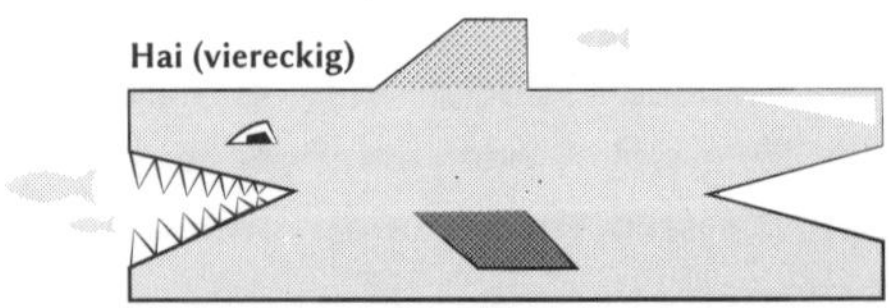

Vögel

Adler »Horst«
Alaska-Schneegans
Amsel
Andorra-Huhn
Balaleika »ein fernöstlicher Trappenvogel«
Blaumeise
Dohle »Bertolt Brecht«
Ente
Eichelhäher
Elster
Falke
Finkin
Flamingo
Fregattvogel
Gans
Genhuhn »Dukan«
Graustirnamazone
Hahn
Hahner
Hahnchen
Haubentaucher
Huhn »Kartoffelsalat, Dachlatte, die 16.«
Kakadu
Kanarienvogel
Kauz
Klapperstrauß
Kolibiri
Kormoran
Krähe
Kuckuck
Kuckuckin
Küken
Meise
Meiser
kleiner Weiß-Clown-Meisenmann
Meiserich
Meisenknirps
Mistfink
Nachtigall
Papagei
Pelikan
Pinguin
Pute
Rabe
Schmalzvogel
Schwalbe
Schwan
Seeadler
Specht
Star
Storch
Strumpf »das ist gar kein Vogel, sondern nur'n Strumpf«
Suppenhuhn
Taube
Truthahn
Tukan
Vogelstrauß
Wellensittich
Zwerghuhn

Klapperstrauß

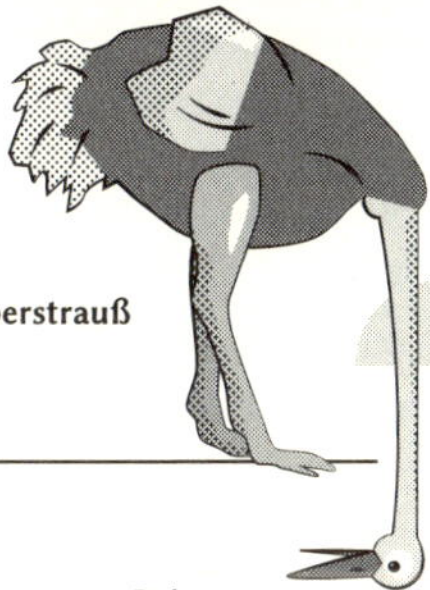

Sonstige

Bakterie & Co.
Erbse »ach nee, das ist Obst«
Geschnetz
Glibber
Hängegurke »als Flamingo verkleidet«
Intelligenzien
Leberwurst-Tier
Lüsterklemmen »ach nee, die liegen da aber trotzdem rum, weil der Elektriker da war«
Purzeltierchen
Schachtelhalmtier
Schmierlapp »ein faustgroßer Einzeller aus dem Hause Eckes Kirsch«
Steifftier

Balaleika

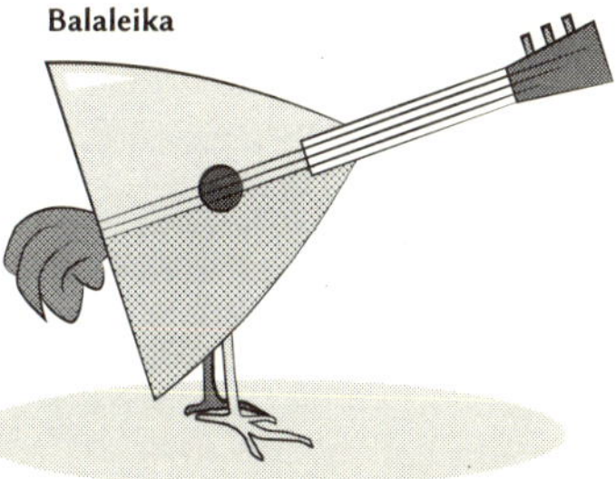

Wirbellose

Amöbe
Geißeltierchen
Hummerersatzpaste
Krabbe »die an Land gehen will, um dort zu vertrocknen«
Krill
Regenwurm
Schalenkrebs
Schnecke
Taschenkrebs
Qualle »Spanische Galeere«

Amphibien und Reptilien

Anakonda
»Homo Saper« (Schlange)
Dinosaurier
Frosch (»ohne Namen«)
Klapperschlange
Kobra
Krokodil
Laubfrosch
Salamander

Nachdem seine Fingerkuppen wieder verheilt waren, wagt Helge zwei Jahre später einen Doppelschlag: Er spielt Tenorsaxophon und lässt sich auf seinem *Jazz*-Album von Peter und Buddy bei Evergreens wie »Girl From Ipanema« oder »Mack the Knife« begleiten. Die ersten Takte von »Take Five« werden gekonnt verstolpert, und auch der Rest des Stücks wird nach der Devise »Knapp vorbei ist auch daneben« als virtuose Struktur ad absurdum geführt. Diese Machart der ehrfürchtigen Verballhornung durch kleine Verschleifungen in der Phrasierung, vorsätzliche Intonationsmängel oder Tonbrechungen kennzeichnet alle Jazz-Adaptionen der Platte. Absichtlich baut Schneider Fehler in die Stücke ein »und die Musiker müssen diese Fehler alle fehlerfrei mitspielen.«

Diese Devise gilt nicht zuletzt für das Album *Eiersalat in Rock* (1999) von Helge and the Firefuckers – Schneiders Hommage an die Großen der Rockgeschichte. Ob »My Generation« oder »Ebony and Ivory« – kein Klassiker ist vor Schneiders verhängnisvollem Zugriff sicher. Das Quartett kehrt dabei das Innerste der Stücke nach außen, und was zunächst als Frevel erscheint, entpuppt sich als genussvolle Umdeutung. Der Jimi-Hendrix-Hit »Hey Joe« wird aberwitzig beschleunigt und in einen hechelnden Country-Rhythmus getrieben. »A Whiter Shade of Pale« und »Nights in White Satin« verlieren in den Up-Tempo-Versionen alle Schmusequalitäten. Pfeifende Verstärker, leicht verstimmte Gitarren, ein Räuspern mitten im Song: All diese Stilmittel tun ein Übriges, um die Unfertigkeit des ganzen Konzepts zu feiern. Und arbeitet Schneider sich in gestelztem, fürchterlich-falsch betontem Schulenglisch durch die Texte, klingt schon mal »I've written« wie »Ei Fritten.«

Mit den Imitationen von Elvis und dem linken Liedermacher Franz Josef Degenhardt (»Spiel nicht mit den Schmuddelkindern«) gelingt ihm zur Jahrtausendwende auf dem Album *Hefte raus – Klassenarbeit!* – ein Live-Mitschnitt von Helge und seiner reformierten, kleinen Band Hardcore – die Sternstunde seiner bisherigen Plattenkarriere. In seiner genial-verdrehten Lesart des alten Kinderlieds »Vogelhochzeit« heißt es gleich zu Beginn: »Entschuldigung, ich habe mich direkt vertan, ein Vogel kann ja keine Hochzeit machen, es müssen zwei sein.« Und es folgt einer der aberwitzigsten Moderations-Einschübe aller Helge-Lieder: »Sonst geht der eine Vogel in die Kirche und sagt ›Guten Morgen, Herr Pastor‹. ›Morgen, Vogel. Lassen Sie mich eben noch das Baby taufen: Du heißt Erika, Junge! So, weg!‹ Vom Altar runtergeschubst, die Eltern fangen es auf, auf einem Kehrblech und dann geht's los: Ab ins Kinderzimmer vor den Computer«: Schneiders Vision von *Schwarzer Pädagog*ik im Zeichen von Bildschirm-Betreuung. Auch der Elvis-Hit »Suspicious Minds« wird folgerichtig als »Zerstückeltes Gehirn« gelesen. Anschließend singt Helge zusammen mit dem King (also mit sich selbst) im Duett eine englische Katzeklo-Version, die als »Casenclow« die Rock-'n'-Roll-Ikone und spätere Las-Vegas-Attraktion zunehmend verstört.

Zum Höhepunkt des Albums aber gerät Schneiders abschließende Franz-Josef-Degenhardt-Parodie »Katzenoma«. Im typisch beißenden Talking-Blues-Ton von »Väterchen Franz« empfiehlt er zur sparsamen Gitarrenbegleitung: »Spiel nicht mit der Schmuddeloma, trag nicht ihre Mieder«. Dass in der abstrusen Geschichte auch noch »die gefälschte Rabattmarken-

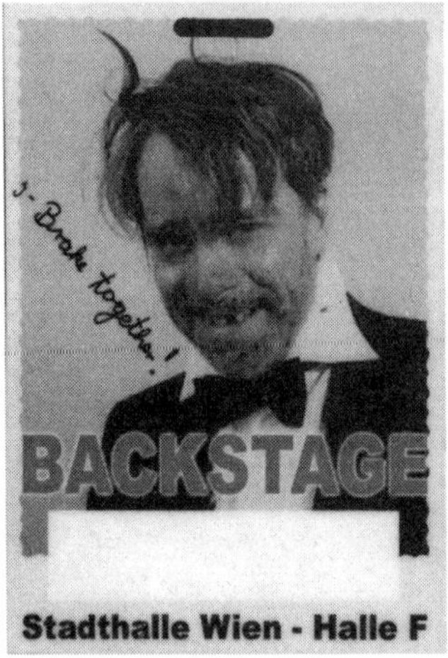

Sammlung von Franz Josef Strauß« auftaucht, wundert am Ende niemanden mehr.

Der Unterschied zu anderen Komikern besteht also darin, dass hier kein berechenbarer Unsinn entsteht, sondern Schneider die Parodie bis zur Unkenntlichkeit destruiert. Harald Mühlbeyer hat in einer treffenden Analyse von Helges Live-Präsenz in diesem Zusammenhang (in Anspielung auf die Heisenberg'sche Unschärferelation, entsprechend der ein Objekt sich nie als solches beobachten lässt, sondern sich durch die Beobachtung immer schon verändert) von der »Schneider'schen Unschärferelation« gesprochen, die sich ergibt, wenn »die Witzteilchen von einer Sinndestruktionswelle überrollt werden, die sie zugleich selbst sind.«

Seine Tourneen während der Nullerjahre tragen Titel, die zwar phantasievoll und ein wenig durchgeknallt klingen, aber – wie sich dann in den Konzerten herausstellt – rein gar nichts mit den Programmen zu tun haben. So geht es auf der Tour unter dem Titel *Plautze voll!* mitnichten um die Gefahren von Fettleibigkeit oder um Frustrationen eines Bühnenstars. Auch *I Brake Together* zeigt im Gegenteil einen selten fitten Schneider. Genauso wenig signalisiert der Titel *Akopalüze Nau* Endzeitgefühle und Weltuntergangsthemen – obwohl Helge in der Tour-Ankündigung warnt: »Hannibal Lecker ist ein Waisenknabe dagegen.«

Anscheinend hat Schneider nach der Jahrtausendwende seinen Personalstil endgültig gefunden und die folgenden Jahre dazu genutzt, um als »König der Klöpse« sein spezielles Humorverständnis zu konsolidieren. Gleichwohl macht er bei jeder Gelegenheit deutlich: »Ich bin keine Uhr, die niemand aufzieht«. Immer wieder zieht er sich zwischen den anstrengenden, oft mehrere Monate dauernden Konzertreisen quer durch die Republik, durch Österreich und die Schweiz, in sein Haus in Mülheim zurück: »Ich hab' hier meine Ruhr und meine Ruhe«.

Und bis heute: Jazzträume und das Popularitätsparadox

Unter dem sinnlosen Titel *Out Of Kaktus* kommt 2003 ein Solo-Studioalbum auf den Markt. Obwohl man spürt, dass Helges Komik hier das Feedback des Publikums fehlt – denn Zuschauerreaktionen beflügeln ihn live oft und scheinen ihn in dadaistische Labyrinthe regelrecht hineinzutreiben –, bietet die Schlagerrevue einen gutgelaunten Querschnitt durch verschiedene Musikstile: Während das »Moped-Lied« mit souligem Saxophonsolo und Marimba-Begleitung lässig swingt, kommt »Oma (Geh doch deine Oma mal besuchen)« als Techno-Track über eine einsame Großmutter daher, die von ihrem Enkel Horst vernachlässigt wird. Der hämmernde Synthesizer zu dem Kalenderspruch »Von Pommes kriegt man Pickel, ist mir ganz egal« ist symptomatisch für das Sounddesign der Platte: Neben Xylophon, Marimba, Gitarre und Tenorsaxophon kommen hier mehrere Keyboards zum Einsatz, deren Soundflächen von Helge im Multiplayback allesamt kunstvoll übereinander geschichtet werden.

Auf der korrespondierenden *Verzeih mir, Baby*-Tour geht dann ein Traum Schneiders in Erfüllung. Mit dabei sind die Bass-Legende Jimmy Woode und der Drummer Pete York, ehemals Mitglied der Spencer Davis Group. Zudem war Helge als Jugendlicher ein großer Fan des Duos Hardin & York – *The World's Smallest Big Band*. Schneider erinnert sich: »Pete York ist ja damals mit vielen Rockbands aufgetreten, mit Led Zeppelin oder Alfred Biolek.« Über York lernte er auch den damals 74-jährigen Woode kennen, der seinen Bass schon bei Jazzlegenden wie Louis Armstrong, Charlie Parker, Ella Fitzgerald und im Duke-Ellington-Orchester im Spiel hatte. Für Schneider bedeutet das Zusammenspiel mit Pete York und Jimmy Woode den ultimativen Ritterschlag als Jazzmusiker. Leider stirbt Woode 2005 überraschend nach einer Hüftoperation und Helge muss auf den ebenfalls nicht mehr ganz jungen Rudi Olbrich als Ersatzmann am Bass zurückgreifen.

Wie wichtig die *vibrations* des Publikums für Helges Inspiration sind, beweist dann ein Live-Mitschnitt aus der Dortmunder Westfalenhalle, der 2004 unter dem Titel *Füttern Verboten!* erscheint. Auch hier macht der Multiinstrumentalist Schneider alles selbst, doch mit hörbar größerer Leidenschaft. Gleich zu Beginn stellt er die Themen des Abends klar: »Tiere, Menschen, Musik, Kartoffeln, Technik, Physik, Tod, äh, äh, alles Mögliche.« Teekoch Bodo Oesterling, der zwischen den einzelnen Nummern immer wieder ein Tässchen »Theatertee« oder auch »Kamillosan, pur« servieren muss, bietet Helge zudem die Möglichkeit, seine Komik-Bauteile neu zu ordnen und ihre Assoziationslogik durcheinander zu wirbeln: Improvisation entsteht durch Konzentration. Seine instrumentalen Fähigkeiten auf Trompete, Schellenkranz, Kastagnetten und Flöte nutzt Schneider für eine erste Vorstellung der »Tiere im Zoo«.

Auf die völlig surreale TV-Übertragung von »Prinz Charles, der hier seine eigene Beerdigung vorfeiern will« (das Motorrad-Ballett-Essen ist ebenso mit von der Partie wie Uschi Glas, Johannes Heesters, Michael Jackson, der Dalai Lama und die unvermeidliche Tatjana Gsell), folgt ein »Erzgebirge-Männchen-Schnitzer-Blues«, den Helge mit virtuosen Ton-Bendings auf einer akustischen Gitarre intoniert. In der bis heute vielleicht gelungensten Live-Version vom »Meisenmann« mit ihm als Udo Lindenberg meldet sich auch der Godfather of Soul James Brown mit einem spitzen »Aah«-Schrei zu Wort und selbst Peter Maffay (alles Schneider, natürlich) fragt, warum er nicht mitsingen darf? Lindenbergs lakonische Antwort »Du bist zu klein, Peter. Außerdem schreckt deine Warze Leute ab. Geh!« macht den Deutschrocker schlussendlich mundtot.

Endlich ist auch wieder mal ein »Protestlied« von Schneider zu hören. Zu perkussiven Blockakkorden auf dem Piano deklamiert er mit rebellischem Grollen in der Stimme: »Und da stehen sie wieder in Zweierreihen vor der Pommes-Bude und warten auf das, was ihnen gebührt.« Protestiert Schneider, oder – was selten genug vorkommt – übt er explizit Sozialkritik, nimmt er damit zugleich jeden kritischen Anspruch auf die Schippe: »Es glänzen die Treppen der Großbourgeoisie im Rampenlicht der Einkaufszentren! Marmor über Marmor. Eine überall gleich wirkungsvolle Raumtemperatur, wie viele Lüftungsschächte braucht der Einzelne! Wir atmen, und die Atemluft wird umgehend durch ein Kapillarsystem von Verreinigungsapparaten geschickt, am Ende zahlt der kleine Mann. Er darf nicht mitmachen.«

Die alten Protestsongs à la Degenhardt oder Süverkrüp mit ihren einfachen ideologischen Wahrheiten sind heute kaum noch vermittelbar und inzwischen wenig überzeugend. In dieser Situation bleibt Schneider nur »der Protest gegen den Protest« durch hemmungslose Veralberung übrig, die dann den Ernst im Spaß vielleicht doch noch spürbar machen kann. »Genau das will ich, mich aggressiv der Welt entgegenstemmen mit meinem Klavier! Sollen die scheiß Spießer doch kommen! Ich hau denen einen Sound rein, dass ihnen Hören und Sehen vergeht!«

Helges *I Brake Together*-Tour wird 2007 von der gleichnamigen Studioproduktion begleitet und im Quartett zusammen mit dem Gitarristen Sandro Giampietro, Rudi Olbrich am Bass und Pete York an den Trommeln eingespielt. Mit offenkundig regredierten Refrains im Stile von »Meine Maus, meine Maus, meine Supermaus« und »Käsebrot ist ein gutes Brot, super sexy Käsebrot« kann der Schlagersänger Schneider an die Wortkunst von »Katzeklo« nahtlos anknüpfen.

Zum heimlichen Highlight des Albums aber gerät ein Lied im bedrohlich schlingernden Mariachi-Stil, mit Zeilen wie »Die Trompeten von Mexiko, die laden dich ein, zu Kaffee und Kuchen und glasiertem Schwein«. Auf dem begleitenden Live-Album *Akopalüze Now* verschärft Helge die Verführungskraft der Einladung noch, indem er von »glasiertem Meerschwein« singt – zumal die Mexiko-Illusion nur durch eine gekonnt schief gespielte Trompete und eine überkandidelte Gesangsstimme erzeugt wird.

Drei Jahre später bekommt Schneider endlich sein eigenes *Köln Konzert*. Keith Jarrett hätte sich wohl auch kaum dem Tour-Motto »Komm, hier haste 'ne Mark« untergeordnet. Auf dem »Official Live Bootleg« zieht Helge alle Register: »Ich spiele jetzt'n Stück auf dem Klafünf – einer meiner größten Gags, könnt' ich mich drüber kaputtlachen!« Was folgt, ist ein Paradebeispiel für Schneiders enzyklopädischen Klavierstil. In seiner

Improvisation hangelt er sich elegant von Klassik-Zitat zu Jazz-Zitat – ein bunter Klischee-Reigen! Anschließend muss er sich natürlich bei seinem Techniker Erwin bedanken: »Wir haben uns kennengelernt vor 30 Jahren ungefähr. Ich hatte doch 'ne Schneckenplage und hab 'ne Altbier-Falle aufgestellt im Garten. Da hörte ich am Morgen so'n Schlürfen – das war er.« Die abgehalfterte Neuinterpretation von »Stairway to Heaven« (es gibt ja inzwischen Musikgeschäfte, da werden Kunden des Ladens verwiesen, wenn sie das Stück auch nur anstimmen) konterkariert einleitend auf einer verstimmten und fürchterlich schlapp klingenden Akustikgitarre alles Pathos des Bombast-Rock-Stücks. Erstmals hatte er als Elfjähriger eine Gitarre zur Hand genommen, später zugunsten des Klaviers zur Seite gelegt und erst mit dreißig wiederentdeckt. Heute reizt sie ihn mehr als das Klavier: »Ich finde die Gitarre unheimlich gut, weil sie für mich noch viel menschlicher ist, als schöner Gegenpart zur menschlichen Stimme. Man kann sich eben 'ne Gitarre umhängen und dazu etwas singen.« Dabei kommt ihm seine umfangreiche Gitarren-Sammlung zugute – vom wertvollen historischen Gibson-Modell bis zur edlen Höfner Archtop.

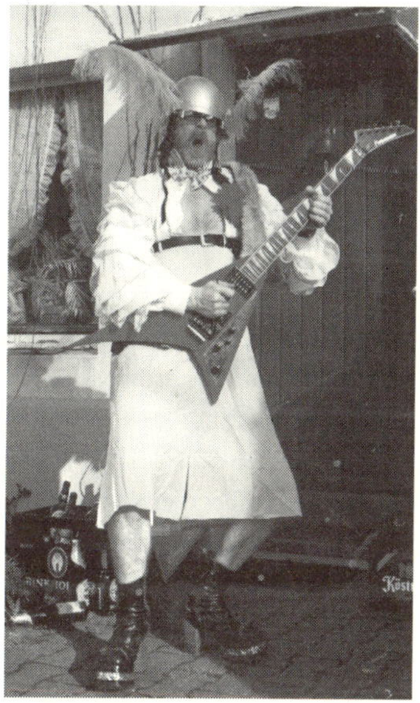

Fitze, Fatze, Flitzefinger

Eine akustische Konzertgitarre kommt schließlich auf seinem Sommerhit des Jahres 2013 zum Einsatz: »Sommer, Sonne, Kaktus – ach, wie wär' das schön! / Doch leider hier in Duisburg muss ich ins Hallenbad geh'n.« Es ist also alles nur ein flüchtiger Traum, wenn Helge von »Paella in the Bauch« und »a beautiful girl auf'm Schoß« singt. Das federleichte gleichnamige Album enthält mit »Offenes Hemd« dennoch ein herzergreifendes Liebeslied: »Ich sagte: Wie heißt du denn? Du sagtest: Jutta. Da war alles klar.« Der radebrechende Reim setzt einmal mehr auf den Effekt der »verschleppten Klamotte«: Schneider kultiviert seine Kunst auf einem eigenen Planeten. Deshalb sei ihm auch verziehen, dass er den wunderschönen Song »Mr. Bojangles« des amerikanischen Country-Sängers und Songwriters Jerry Jeff Walker von 1968 singt, als sei ihm das Gebiss verrutscht. Schlagertexte als solche sind bei Helge ohnehin nur rudimentär vorhanden – skizzenhaft wäre noch übertrieben. Das belegt auch der rätselhafte Titel »Nachtigall, huh (Es zittert unser Haus, was ist nur draußen los?)«. Wenn Schneider hier immer wieder »Opa Gander« und »Opa Gander Style« ruft, wird erst langsam deutlich, dass er damit auf den damals bei YouTube beliebten Welthit »Gangnam Style« des südkoreanischen Rappers Psy anspielt.

Dass Schneider sich inzwischen selbst historisch geworden ist und längst reflexiv auf seine eigene Geschichte reagiert, beweist das Doppel-Album *Live at the Grugahalle*. Ausdrücklich wirbt der Mitschnitt vom 16. März 2014 aus Essen mit »20 Jahre Katzeklo«. Das Album enthält folgerichtig eine Art Best-of-Zusammenstellung von Schneiders größten Hits. Bei der »Katzeklo«-Performance fordert Helge schon nach wenigen Takten das Publikum zum Mitsingen auf. Dann aber dreht der Sänger auf, mit einem hanebüchenen Text, der sich – immer wieder beschleunigt oder verlangsamt – in seiner arhythmischen Struktur kaum in Strophen zwängen lässt. Obwohl es ihm hier noch einmal gelingt, Virtuosität als »Hörbarmachen von Störungen« zu demonstrieren, deutet der ganze Auftritt bereits eine gewisse Entschärfung von Schneiders musikalischem Radikal-Humor an. Sicherlich, das jämmerlich quietschende Synthesizersolo in »Mr. Bojangles« ist ebenso wenig kulinarisch wie die stockend gezupfte pentatonische Melodie zu den »Impressionen aus dem China-Restaurant Mykonos« auf einer Wandergitarre. Auch ist man dankbar, dass der sich ewig wiederholende Name »Feliz Navidad« als einziger Textbaustein in dem gleichnamigen Lied dann endlich durch die Zeile sabotiert wird: »I wanna wish you a merry Christmas, with the bottle of my heart«. Das Essener Konzert vermittelt schon eine Ahnung von dem, was drei Jahre später mit dem Album *Heart Attack No. 1* noch einmal verstärkt wird: Man gewinnt den Eindruck, Schneider sei jetzt auf dem Weg zu einer neuen Ernsthaftigkeit. Denn die vierzehn Stücke für Hammondorgel (Schneider) und Schlagzeug (York) klingen auffallend konventionell. Da werden Klassiker aus dem *Great American Songbook* wie »All of Me«, »All the Things You Are« oder »Stormy Monday Blues« interpretiert, doch was auf dem Plattencover noch als »Jazz-Hop« tituliert wird, entpuppt sich als braver Duo-Swing. Und selbst die drei Eigenkompositionen aus Schneiders Feder ändern an diesem Eindruck einer nichtssagenden Normalität nur wenig. Ein einziges Mal nur bricht der alte Schneider'sche Wahnwitz durch, wenn er vor »As Time Goes By« den klassischen Text hastig herunterhaspelt, nur um dann mit seiner besten Opa-Comic-Stimme dem »Casablanca«-Klassiker alle Sentimentalitäten auszutreiben.

Mittlerweile seit mehr als 25 Jahren im Geschäft, spürt Schneider heute selbst, was er ansonsten gern dem Konzertpublikum vorhält: »Die Zeit verrinnt mir zwischen der Uhr«. Seine musikalischen Subversionsstrategien scheinen mittlerweile ausgereizt, weil allzu bekannt und zig Mal wiederholt. Sein Spiel mit einer plötzlich versagenden Virtuosität, das Jonglieren mit sich durchkreuzenden Zitaten, mit den Leerstellen der Improvisation – all das hat sich inzwischen bei ihm konsolidiert und dadurch naturgemäß auch entschärft: »Damals war ich vielleicht frecher – nach außen hin. Ich hatte ja auch noch nicht so viel Erfolg, vor allem keine Vorschusslorbeeren. Und wenn ich dann mit meiner Musik anfing, hatte ich das Gefühl, die wollen das echt nicht hören.«

Schneider kämpft heute mit dem Popularitäts-Paradox: Seine Unberechenbarkeit, die ihn so erfolgreich machte, hat sich im Laufe seiner Karriere in einer wachsenden Reihe von Hits (»Katzeklo«, »Telefonmann«, »Käsebrot« u. a.) manifestiert. Weil der Künstler sein Publikum, welches diese Hits in den Konzerten erwartet, nicht enttäuschen will, engt er den Freiraum seiner Improvisation durch eine Nummern-Revue immer mehr ein. Anstatt Erwartungshaltungen durch die fortlaufende Erfindung des Unerhörten weiterhin zu unterlaufen, bedient er diese durch ein Best-of-Programm und büßt dadurch einen Gutteil seines subversiven Charmes ein.

Doch er ist eben nicht nur ein Musiker, der es auf »Provozierung, Provozierung« anlegt, sondern auch ein begnadeter Geschichtenerzähler. In ausufernden Bühnenerzählungen lässt er das Absurde oft ins vollkommen Irrsinnige kippen. Sein spezieller Verbaljazz erlöst die Wörter von ihren erwachsenen Bedeutungen und mündet bisweilen in eine Art »vorsprachliches Rauschen«.

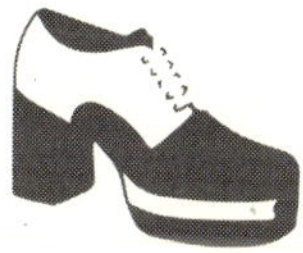

Wichtig, popichtig:
Der Geschichtenerzähler und Hörspielautor

Schneiders Geschichten sind wuchernde Selbstläufer, in denen sich Sinn und Unsinn bis zur Ununterscheidbarkeit miteinander mischen. Das Improvisations-Prinzip findet sich nicht nur in seiner Musik, sondern ebenso in seinen oft ins Uferlose abdriftenden Erzählungen. Will er beispielsweise eigentlich über seine Gitarre sprechen, laviert er schon mal zwischen Lebensmittelskandal und *Sex and the City*: »Ich war im Kaufhof in der ersten Etage, da war ich lecker essen. Es gab falschen Rehrücken, der wird aus Formfleisch von ehemaligen Fischen hergestellt, also genauer gesagt aus Fischimitat, eine Art Fischmehlersatz aus Polymethylen und Polyesterharz-Soße. Das wird zu einer flockigen Form vermengt, damit man es essen kann, und da rein legt man dann Einlegesohlen von Stöckelschuhen von Frauen, die in der Oper waren, und die sie abends in Sektlaune aus ihrem Porsche herausgeschmissen haben.«

Ursprünglich als erläuternde Ansagen gedacht, entwickelten sich die Überleitungen zwischen einzelnen Musikstücken zu eigenständigen, komplexen Erzählgebilden. Fuzzylogik und Wortassoziationsakrobatik anstelle konventioneller Konversationswege. »Der Schrei wird natürlich mit der Kamera eingefangen und als Mikrophon verkauft«. Hier stimmt kein kausaler Bezug mehr. Mit seinen Wortjonglagen hat Schneider eine Form des Sprechens auf die Bühne gebracht, die ihrerseits ein ganz neues Zuhören verlangt. Begriffe scheint er oft wie Spielsachen zu benutzen. Deren Lustigkeit und Absurdität ergeben sich vor allem aus dem Kontrast zur ›ordentlichen Sprache‹, in der normalerweise über die Welt erzählt wird: »Ich bin tierlieb. Ich habe auch Tiere zu Hause. Sardellenpaste, Kochschinken – ach nein, das ist ja kein Tier, da sind ja keine Beine dran.«

Bisweilen glaubte man, Schneiders Erzählweise erschöpfe sich in einem improvisatorischen »Den-Text-Entlang-Holpern«. Doch benutzt er die Worte in seiner Vortragsdichtung nach quasi musikalischen Kriterien, ordnet sie nach ihrem Sound, nach ihrem Rhythmus, springt zwischen verschiedenen Sprechweisen wie Kreischen, Flüstern, kindlichem Kichern und uralt wirkendem Brummeln hin und her: Erzählen als hochvirtuoses Saxophonspiel mit Worten: »Ich mischte immer gerne ernste Musik mit totalem Schwachsinn. Dazu hatte ich den Drang, mein Publikum irgendwie zu langweilen, so entstanden Geschichten, die ich mit vielen langen Pausen so erzählte, dass auf keinen Fall eine Pointe rauskam. Das ist meine Erfindung. Mein Motto war: ›Mit Scheiße Geld verdienen!‹«

Dabei weiß er sehr wohl, dass sein spezieller Humor aus den kalkulierten Kontrasten von Banalität und Erhabenheit lebt. Allerdings kostet er die daraus resultierenden Pointen, wie in der konventionellen Comedy üblich, nicht aus, sondern stolpert sie stattdessen elegant weg.

Verkappter Dadaist oder ewiger Opa?

Man hat Schneiders Unsinns-Logik oft in die Traditionslinie der Dadaisten einzureihen versucht. In ihrer selbstgenügsamen Gesetzlosigkeit ähneln seine »erzählten Welten« den Texten eines Kurt Schwitters (1887–1948) auf verblüffende Weise. Und doch werden schnell Unterschiede auffällig: Der Dadaismus hatte tendenziell eine kritische Funktion, indem er sein zerrissen wirkendes Unsinns-System dem vermeintlich geschlossenen Sinnsystem der modernen Gesellschaft entgegenstellte, seinem Publikum quasi »einen Spiegel vorhielt und so auf Missstände aufmerksam zu machen« suchte, wie der Medienwissenschaftler Tim-André Elstner bemerkt.

Schneider scheint an kritischen Bezügen dagegen kaum noch interessiert zu sein. Er huldigt stattdessen einer referenzlosen Komik, die sich in einer eigenen Parallelwelt sprachlicher Zeichen selbst zu genügen scheint: »Wenn es Dada nicht gegeben hätte, würde es mich trotzdem geben. Bei mir steckt keine Idee dahinter, jemanden zu schocken oder eine Kunstrichtung zu erfinden. Es ist vielmehr reines Erzählen: Ich möchte jetzt was sagen, zunächst mal ganz zweckfrei.« Während die Dadaisten ihre Texte skrupulös durchkonstruierten, wirken Schneiders Erzählungen absichtslos und aus dem Augenblick heraus erfunden. Zwar folgt er dem Schwitter'schen Credo einer Umwertung von Werten und Worten, doch seine Geschichten scheinen sich zuerst aus sich selbst heraus zu entwickeln, umweglos und direkt einem *stream of consciousness*, einem ungefilterten Bewusstseinsstrom zu folgen. Insofern könnte man Schneider etwas waghalsig in die Nachfolge solcher Sprachartisten wie James Joyce oder Alfred Döblin rücken. Sein Spiel mit Tautologien, mit Zirkelschlüssen, mit verdrehten Zusam-

»Ich saß in meinem Zimmer und schrob auf der Schreibmaschine, wahrscheinlich eine kleine Doktorarbeit, ich weiß nicht mehr, ob es Gynäkolie war oder Französisch. Draußen pfiff der Wind sein immerwährendes, altes Lied, und die Wolken verdüsterten ein wenig den Himmel auf dem Bild von Caspar David Friedrich, das ich selbst gemalt hatte. Es war ein Original. Abgebildet waren der Schah von Persien und die Mickey Mouse. Poppend.«
(aus *Orang Utan Klaus*)

menhängen und absurden Geräuschbeschreibungen kreiert gleichwohl ein ganz eigenes »Blutbad der Stringenz«, wie der Pop-Theoretiker Frank Apunkt Schneider anmerkt.

Schneiders Erzählung *Orang Utan Klaus* entpuppt sich als meisterhaftes Gemetzel eines klaren Gedankens. Er selbst hat die Story der musikalischen Gattung der »Sakraloperette« zugerechnet. In diesem Festival der Repetitionen, der lautmalerischen Erfindungen, wo es nur so »splatattert«, »bommelt« und

»Es war eine Katze. Eine kleine, süße, schnuckelige, putzige Katze, wollknäuelgroß wie ein Wollknäuel, hatte sie die Form eines Wollknäuels. Dieses Wollknäuel rief hurtig immer wieder ein Mähen oder Spähen aus. Es konnte ja noch nicht richtig sprechen, es war ja noch klein. Es hatte eine Schultüte im Arm, auf der ›Meine erste Butterfahrt‹ stand. [...] Es machte ein kleines Fauch-Miau und mir wurde warm ums Herz. Mein Herz weitete sich zu einem saftigen Steak.«
(aus *Orang Utan Klaus*)

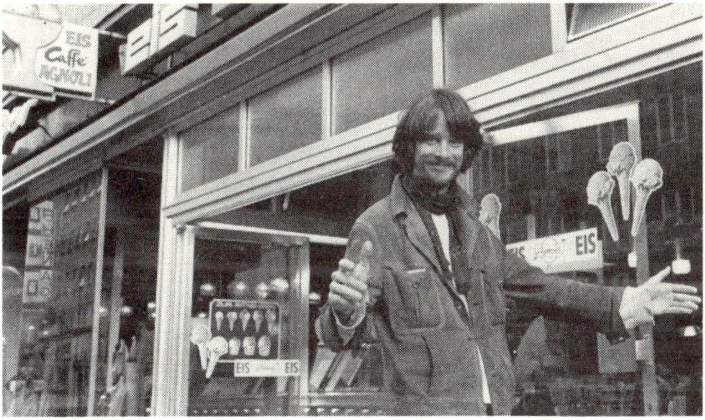

Mülheim: »Hier hab' ich meine Ruhr und meine Ruhe«

»wippert«, triumphiert die Irrelevanz der Fabel. Es geht hier buchstäblich um nichts – also um alles. In einer sprachwissenschaftlichen Analyse der Story hat Martin Riebel detailliert nachgewiesen, dass sich hinter all den komischen Abschweifungen und ungeordneten Bezügen als einzig wiederkehrende Konstante eine »konsistente Inkonsistenz der erzählten Welt« verbirgt.

Auch wenn sich Traditionsbestände der Hochkultur wie Dadaismus oder auch Surrealismus in Schneiders Texten aufspüren lassen, so verweist er selbst gern auf sein »Eduscho-Studium«, in welchem er seine Sprechweisen und literarischen Verfahren erlernt habe. »Gespräche übers Wetter oder über Verstorbene fand ich immer am schönsten.« In der Mülheimer Innenstadt verbrachte er in einem Stehcafé von Eduscho ungezählte Stunden damit, die Bewegungen und Gesten, Tonfälle und Ausdrücke von Rentnern und alten Leuten zu studieren. Die »Opas« wurden seine Professoren und mit ihren kleinen

Nöten und Sorgen Vorbilder für eine bestimmte Form von Souveränität, die Schneider dann selbst auf die Spitze treiben sollte. Sie galten ihm als die Könige des Small Talks und hatten den wohl größten Einfluss auf seine Arbeit.

Mensch bleiben! Jürgen von Manger und das Ruhrpottdeutsch

Doch gab es noch andere Vorbilder: Besonders deutlich wird dies an einer Ruhrpott-Parallele, die Schneider nie verschwiegen hat: Der Einfluss Jürgen von Mangers (1923–1994) bzw. dessen einziger und einzigartiger Figur Adolf Tegtmeier. Denn auch dessen geknäuelter Alltagsjargon versammelt Sprachwendungen aus der Kneipe, von der Pommesbude, der Straße und dem Fußballplatz und schafft daraus eine eigene Sprachform. Jürgen von Manger war der erste, der den Ruhrpott-Dialekt in den 1960er Jahren offensiv propagierte und damit den Menschen im Kohlenpott ein wenig von ihrem verlorenen Stolz zurückgab. Während viele seiner Bewohner sich noch wie »Schmuddelkinder« voller Kohlenstaub fühlten, feiert Manger die scheinbare Unbedarftheit des erklärten Kleinbürgers Tegtmeier, seine unerschütterliche, von äußerlichen Konventionen befreite Selbstsicherheit. In herrlich verschwurbelten Sätzen, mit viel »Dat«, »Äääährlich«, »Hömma« und »Äääähs« als Pausenfüller, verirrt sich der radebrechende Kumpel in der Banalität des Alltäglichen.

Manger bekennt sich dabei zu den gleichen Inspirationsquellen wie Helge Schneider: »Ich habe das Glück oder Pech gehabt, immer bei so richtigen Ruhropas zu wohnen, die mir eine Fundgrube für so Tegtmeiereien im Alltag gaben.« Natürlich verrennt er sich in der Kompliziertheit des einfachen Lebens, macht aus »Erik Ode« einen »Erik Uhse« oder aus »Kojak« den »Kodak« – Schneider lässt grüßen!

Dabei schöpft Tegtmeiers Sprechhaltung aus der Mundart des Ruhrgebiets, der Pott ist sein sprachliches Experimentierfeld. Als Schauspieler an den Städtischen Bühnen Gelsenkirchen kultivierte er Anfang der 1950er Jahre seine Begabung, sich Aufgeschnapptes anzueignen, in die Rollen der kleinen Leute hineinzuschlüpfen. Hier bastelte er sich auch die Figur des Adolf Tegtmeier und trat 1961 zum ersten Mal damit im Fernsehen auf. Mit seiner Prinz-Heinrich-Kappe, dem Schnäuzer, den buschigen Augenbrauen und der ruhrgebietstypisch hochgezogenen linken Oberlippe verschmolz der Schauspieler mehr und mehr mit seiner Kunstfigur.

Die Sprachforscherin Elisabeth Fekeler-Lepszy erklärt den überregionalen Erfolg von Mangers Tegtmeier dadurch, dass er immer wieder »in einem Meer falscher oder falsch verwendeter Wörter und Begriffe unterzugehen scheint. Mit seiner Sprache (entspricht er) offensichtlich genau den Vorstellungen, die man von den typischen Ruhrgebietsmenschen hat«. Der kann Goethes Schauspiel *Torquato Tasso* schon mal leicht als »Die kaputte Tasse oder so« missverstehen. Der beständige Konflikt zwischen dem bürokratisch vorgeschriebenen Hochdeutsch und der authentischen, oftmals unbeholfenen, gleichwohl selbstherrlichen Alltagssprache mündet oft in irritierender Sprachverwirrtheit und grotesken Wortverrenkungen: »Also ein Moderator is wie wat die Jugend heute für unter die Arme nimmt, ne, sone Art Deodorant, damit ich als Zuschauer nich riechen kann, woher der Wind weht.« Dabei schöpfen seine *Stückskes* aus jenen Beobachtungen, die er an den Leuten im Ruhrgebiet machen konnte. Wie bei Schneider entsteht manchmal aus einem einzigen Satz eine ganze Geschichte: »Letztes Jahr, als ich bei meiner Gemüsefrau Erdbeeren kaufte und mich nach der Qualität erkundigte, sagt die doch: ›Herrlich, wie der Herrgott sie gewachsen hat.‹«

»Glaubt ja nich, wer ihr seid«: Ruhrgebietsdeutsch

Was Ruhrgebietsdeutsch nun wirklich ist – ein Slang, ein Dialekt oder eine Mundart –, darüber streiten sich bis heute die Geister. Die Sprachwissenschaft spricht beim Ruhrgebietsdeutsch gern vom »Regiodialekt«. Dieser hatte sich Ende des 19. Jahrhunderts als Mischform entwickelt und Einflüsse durch Ostpreußisch (»Lorbass«), Kölsch (»Kappes«), Polnisch (»Mottek«), Englisch (»Wollwott«), Holländisch (»Verdorri!«), Französisch (aus der »Lamäng«), Italienisch (»Pickobello«), Spanisch (»Karacho«) oder dem Lateinischen (»stickum«) amalgamiert.

Entgegen der landläufigen Annahme, Ruhrpottdeutsch sei fehlerhaftes Deutsch von einfachen Arbeitern und Zuwanderern aus Polen und anderen osteuropäischen Ländern, haben Sprachwissenschaftler herausgefunden, dass es sich zuallererst um ein niederdeutsches Substrat handelt. Es entwickelte sich primär aus Mundarten vom Niederrhein und Westfalen. Während die alten plattdeutschen Dialekte um 1900 vom Hochdeutschen abgelöst und weitgehend verdrängt worden waren, sind diese alten Mundarten im Ruhrdeutsch erhalten geblieben. Natürlich kamen dann noch Einflüsse von Migranten hinzu, die die Entstehung eines ruhrdeutschen Regiodialekts begünstigten.

Ruhrdeutsch ist bis heute eine Nähesprache, die vor allem in der Familie, am Stammtisch und im Schrebergarten zu Hause ist. Schneider schätzt vor allem die »herzlich-coole Art« der Ruhrgebietler: »Diese Form von rauer Wärme und Ehrlichkeit, die es hier im Pott gibt, war für mich deshalb so wichtig, weil ich durch sie erstmals erfahren habe, was Kommunikation eigentlich ist.«

Entscheidend ist, dass die Ruhrpottsprache keine große Distanz, keine Hürden und Hierarchien kennt, wie Tegtmeier exemplarisch ausführt: »Entschuldigen Se mal, dat ich Ihnen so anspreche, ich meine, ich will Se nich stören, aber: Sind Se fremd hier? Wa?« Fremdwörter müssen deshalb auch im Ruhrpott-Deutsch nur irgendwie richtig klingen – ob Adolf Tegtmeier ein »Ezembel stationieren« will oder Helge Schneider »Gynäkolie« studiert. Dass Genitiv und Dativ hier nach dem Zufallsprinzip verwendet werden, wissen Schneider und Jürgen von Manger schon lange. Auch der Gebrauch von »mir« oder »mich«, »sie« oder »ihnen« wird von beiden nicht so genau genommen. Sie sprechen oft falsch, doch das können sie richtig. Helge bekennt: »Ich sehe das Ruhrpottdeutsch aber nicht als schauspielerischen Effekt – ich rede einfach so, wie ich rede.«

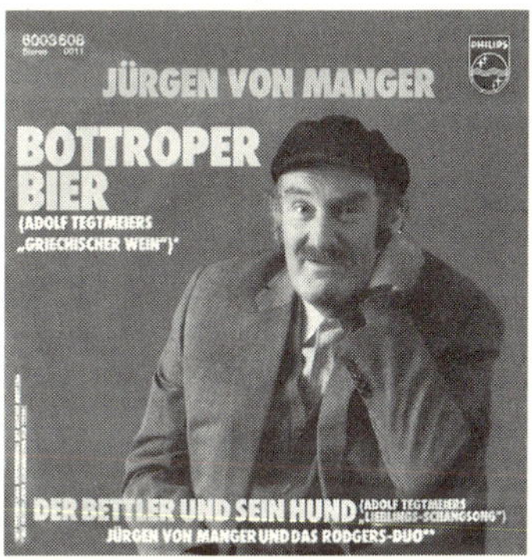

Der erste Star des Ruhrdeutsch war 1954 »Kumpel Anton« aus der WAZ (*Westdeutsche Allgemeine Zeitung*) mit seiner Rubrik: »Wenne hintn einsteichs.« Schon in dieser beliebten Zeitungsserie ging es 25 Jahre lang um die Alltagssorgen und Gefühlsminiaturen der Ruhrgebietler, stets aber überlagert von den großen

»Aber was heißt das eigentlich, Gesellschaft? Was heißt das? Menschen. Leben. Existenz. Was ist das? Wer sind wir? Wo kommen wir her? Wer seid das ihr? Wo gehen wir hin? Ist unser Leben nicht eine aneinandergereihte Reihe von Ereignissen? Sind wir nicht Gene? Oder sogar Genetiker? Was sind wir denn? Ist der Mensch mehr wert als der Wurm, die Amöbe, das Geschnetz, die Suppe?« (Schneider in *Philosophie 1*)

Fragen: »Wo komme ich her? Wo will ich hin? Gibt es Gott? Kommt auf die Pommes wat drauf?«

Häufiger noch als in der 2015 in Buchform veröffentlichten Geschichten-Sammlung unter dem Titel *Orang Utan Klaus* verfällt Helge in der gesprochenen Sprache seiner Live-Shows in Ruhrpott-Deutsch: »Wat it dat denn? Wat it dat denn?«

Auch Schneiders Hang zum »Brutalsprech« hat seine Wurzeln im bodenständig-ungekünstelten Ruhrdeutsch: Von den beliebten Disco-Drohungen »Gleich gibbet richtich wat auf die Omme« und »Ratzfatz is die Lippe dick« ist es nicht mehr weit bis zu der Frage »Watt is Oma, gehsse kaputt?« Auch Helge verliert sich gern in haltlosen Beschimpfungen und stellt das Animalische im Menschen gern zur Schau. Eine entsprechende Schamlosigkeit gehört zu seinem Programm, spiegelt ihm erst seine eigene Souveränität zurück. Schneider beherzigt Peter Sloterdijks Diagnose, nach der »nur die größte Unverschämtheit noch Worte für die Wirklichkeit hat«.

Ein weiterer Manger-Bezug ist offensichtlich: In seinem vielleicht berühmtesten Sketch »Schwiegermuttermörder« erklärt Adolf Tegtmeier mit Unschuldsmiene in jovialem Ton: »Dann habbich se im Keller getragen und gesägt. Weil unser

»Ja. Albern. Das ist albern. Der Helge. Das ist ein Alberner. Alberner Helge. So ein albernes Arschloch. Eine alberne Sau. Stinkesau. Alberne Arschloch-Sau. Da kommt er wieder, der Schneider, die alberne Schweinesau. Sack, du. Du Pillemann. Albernes Sau-Pillemann-Arschloch. Du blöde Kuh, du. Schneider, du. Mistfink.«
(Schneider über »Nachbarn«)

Bollerwagen musste ... musste ich die Feststellung machen, dass sie nicht ganz draufpasste. Und musst ich, äh, also ich hatte dann drei Fuhren und habbich se im Rhein-Herne-Kanal getan und da war se weg«.

Ohne Zweifel hat sich Schneider die in vielen seiner Geschichten immer wiederkehrende Erzählfigur »unser Oma« bei Jürgen von Manger entlehnt. So kann man eine direkte Variation von Mangers »Schwiegermuttermörder« in Schneiders »Zoo«-Erzählung entdecken: »Die Leute haben auch ihre Schwiegermutter in den Bärenkäfig geschmissen. Hinter den Graben. Die hatte die Familie noch eingeladen, und dann haben die die da reingeschmissen. War aber ein schneller Tod ohne Schmerz. Der Bär machte nur zack und weg.«

Wenn Tegtmeier seine fehlende sprachliche Kompetenz gern durch Satzfüllsel wie »und alles« kompensiert, verbindet Schneider seine »gedanklichen Rösselsprünge« (Buddy Casino) gern durch ein unmotiviertes »Na«, »Ja« oder »Da«. Ähnlich wie Tegtmeier, der immer dann an Grammatik und Wortschatz scheitert, wenn er sich besonders gewählt ausdrücken will (»Und muss ich in eine Tüte blasen und dann färbt sich die Luft bunt und dann wissen die, dass ich blau bin«), lässt auch Helge seine Sätze oft in eine absurde Endlosschleife münden, wenn er seine Allgemeinbildung unbedingt unter Beweis stellen will.

Die Urszene aller haltlosen Wortwucherungen Schneiders findet sich bereits auf dem Album mit dem größenwahnsinnigen Titel *New York I'm Coming* aus dem Jahr 1990: »Wir spielen jetzt ein Lied, mit dem wir schon ganz schönen Erfolg hatten, vor allem im deutschsprachigen Raum, zum Beispiel Belgien, Luxemburg, Holland, die Niederlande, die ganzen Beneluxstaaten, also Belgien selbst, in Holland, den Niederlanden, in Luxemburg und in Belgien. Wir waren auf der Schlagerrallye mit unseren Autos und im Fernsehen sogar in Luxemburg und in Belgien und in Holland aber auch. Vor allem aber in den Niederlanden ...«.

Minoritäre Sprechweise

Natürlich ist Schneider kein bloßes Tegtmeier-Update, doch ohne die Vorleistungen Jürgen von Mangers könnte er sich seine Karriere gar nicht vorstellen, gemäß Tegtmeiers Wahlspruch »Wat man nich selber weiß, dat muss man sich erklären«. Folgerichtig erhielt Helge 1997 von der Stadt Herne auch den ersten »Tegtmeier«, einen Preis für »eine herausragende Bühnenpersönlichkeit« in Form einer acht Kilogramm schweren Tegtmeier-Kappe aus Bronze.

Doch nicht nur die ruhrgebietstypische Wortwahl verbindet ihn mit dem Volks-Sophokles Tegtmeier, sondern auch der Sprachduktus. Wie von Manger, dieser moderne Eulenspiegel aus dem Ruhrgebiet, nimmt Schneider nichts aufs Korn und zieht auch nichts durch den Kakao. Vielmehr erweist sich seine »minoritäre Sprechweise«, wie der französische Philosoph Gil-

> »Ein Freund von mir hatte ein Tonbandgerät und einige Bänder von Jürgen von Manger. Unter anderem etwas mit einer zersägten Schwiegermutter, und wie einer in der Todeszelle Bratwurst als Henkersmahlzeit bekommen soll, und dass man, wenn man auf eine Party geht, immer ein eingepacktes Butterbrot mitnehmen soll. Dies alles prägte mein Leben.«
> (Schneider im Interview)

les Deleuze diese nennen würde, deshalb als unmittelbar lustig, weil sie scheinbar einem Nichts-Bedeuten gehorcht. Die Texte ergötzen sich am »Leckschlagen der Bedeutungszirkulation«, so der bereits erwähnte Hans Apunkt Schneider.

Der Extrembergsteiger Reinhold Messner bescheinigte Helge gönnerhaft, er sei halt etwas »für bescheidene Köpfe. Diese Form von Kabarett ist mir zu simpel. Da gehört meiner Vorstellung nach mehr Geist und Hintergrund rein.« Vielleicht hat er sich an Schneiders Geschichte gestört, die in der Antarktis spielt und in der nicht zuletzt der Name als leeres, totalitäres und zugleich ohnmächtiges Wort entlarvt wird: »Die Erde ist ja rund, aber der Südpol ist nicht ganz unten, sondern dort wo die Erde in die Achse eingesteckt ist. Die ist ja ein bisschen schräg und rast durchs Weltall. Dort unten ist das Ozonloch übrigens auf der ganzen Welt am größten. Jedenfalls hatten wir uns überlegt, der Reinhold und ich, dass wir der Menschheit etwas Gutes tun. Wir haben zwanzig Tonnen Haftcreme mitgenommen und wollten damit das Ozonloch zumachen. Wir dachten, wir brauchen das bloß runterfallen zu lassen, und dann sucht sich das das Loch von selbst, weil ist ja unten. [...] Ich frage: ›Reinhold, was sollen wir machen?‹ Der

Reinhold sagt: ›Helge, ja.‹ Ich sage: ›Ja, Reinhold, wat is?‹ ›Ja, Helge.‹ ›Ja, Reinhold, wat is denn?‹ ›Ja, Helge.‹ ›Ja, Reinhold.‹ ›Helge.‹ ›Reinhold.‹ ›Helge.‹ ›Reinhold.‹ ›Helge.‹ ›Reinhold.‹ Ein ewiges Hin und Her. Viereinhalb Monate nur diese Namen. Da wird man ja bescheuert.«

In Schneiders Erzählungen muss man immer mit einem plötzlichen Absturz des Sinns rechnen. Bei ihm wird, so eine Beobachtung des in Oxford lebenden Philosophen Jörg Seidel, »gestörte Kommunikation nicht *be*sprochen, sondern sie wird *ge*sprochen, nicht über sie wird sinniert, sondern mit ihrer Hilfe und durch sie.« In einem permanenten Wechsel der Erzählgeschwindigkeiten, am liebsten mit Allerweltswörtern, die gestückelt aneinandergereiht werden, entsteht bei Schneider eine Art kindlich-naive Hellsichtigkeit. Wer nicht zu seinen Fans zählt, sieht darin vielleicht eher die Schulaufsatzbemühungen eines versetzungsgefährdeten Grundschülers, der seine Lese- und Rechtschreibschwächen noch nicht im Griff hat. Doch Schneiders Geschichten bringen vermeintlich literarische Sprachgebilde immer wieder in bedrohliche Schieflagen, so dass sich diese selbst als hohle Phrasen und Klischees entlarven: »Ein Wolke aus Sehnsucht fliegt über das Tal.«

Während er sich in seiner Heinrich-Heine-Lesung absurde Vergleichsmaßstäbe zunutze macht (»Das Buch ist ungefähr so groß wie eine, sagen wir zwei Bananen«), stürzen in seiner »Pariserzählung« verschiedene Zeitebenen ineinander und lassen keine klare Erzählzeit mehr erkennen: »Oben am Himmel stand also die Sonne und brachte ihr Gesicht zur Geltung. Es war ein schöner Apriltag, und sie lachte und schickte ihre güldenen Strahlen zu uns auf die Erde nieder, wo wir Menschen wohnen. Wolkenleer war der Himmel. Ganz blau. Ein paar kleine Federwolken hatten sich dazugesellt, und eine graue

Regenfront bedeckte den Himmel, so dass die Sonne kaum durchguckte. Trotzdem war der Septembertag gut. Schneebedeckte Dächer bogen sich unter ihrer Last, doch die Sonne tat ihr gewaltiges Bestes und sagte praktisch: ›Hier bin ich, Schnee! Geh weg!‹ Der Schnee versuchte zu schmelzen, doch es war eiseskalt. Der Dezemberhimmel hatte ein tiefes Blau und es war sehr schön. Das Wetter war strahlend. Ein strahlender Sommertag.«

Naturgesetzmäßigkeiten, Kategorien wie Zeit und Raum werden spielerisch außer Kraft gesetzt. Doch bleiben solche Texte erkennbar Texte *über etwas*, auch wenn sich die Logik ihres Vortrags partout nicht der gängigen Vorstellung von Realität anpassen will. Schneider bekennt freimütig: »Klar, es kann alles Thema werden, muss aber nicht.« Dieses Credo gilt auch für jene frühen Hörspiele, die zwischen 1979 und 1984 im Keller seines Freundes Haym Hüttner auf einem 8-Spur-Tonbandgerät aufgenommen wurden.

Frieden im eigenen Kühlschrank: Hörspiele, Talkshows

Auch hier stammt das Personal der Stücke, Dialoge und Gesprächsfetzen von der Straße, aus der Kneipe oder dem Eduscho-Café. Die verschiedenen Stimmen werden alle von Schneider selbst gesprochen, deshalb nacheinander aufgenommen, bisweilen verfremdet und dann in einer neuen Aufnahme miteinander verblendet. So können sie sich ins Wort fallen, überlappen und durchkreuzen. Ob im »Arbeitsamt«, im »Ordnungsamt« oder im »Eheinstitut«, ob in den scheiternden Proletengesprächen zwischen »Klaus und Erwin«, »Fritz und Erwin« oder »Helmut und Klaus«: Immer wird die leerlaufende Kommunikation der Figuren offenkundig. Schneider spielt also nicht nur im Hörspiel, sondern mit dem Genre Hörspiel selbst. Oft kann man sich des Gefühls nicht erwehren, es handele sich um bloße Alibi-Gespräche, um das unkoordinierte Ausstoßen von Sprechblasen ohne jeglichen Gehalt.

Doch in Schneiders Hörspielproduktion gibt es zumindest zwei rühmliche Ausnahmen: Mit seinen knapp 14 Minuten erweist sich die vierteilige Betrachtung »Weihnachten bei van den Bergs« (1992) als hinreißendes Hörbild einer Durchschnittsfamilie an Heiligabend, unspektakulär komisch und zugleich ein überkomplexes Kleinod: Um 16.00 Uhr am 24. Dezember muss Mutter Erika erst noch spülen, bevor die »Frage aller Fragen« geklärt wird: Wer darf die Kerzen am Weihnachtsbaum anzünden? Sohn Jürgen soll traditionsgemäß die Blockflöte auspacken, und Weihnachtsmann und Christmette gehören selbstverständlich auch zum traditionellen Festtagsprogramm. Jürgen, der zuerst keine Lust hat, Blockflöte zu spielen, lässt sich schließlich doch erweichen: »Komm, gib her die Scheißflöte!« Doch sein anschließendes Gefiepe findet bei Vater Heinz wenig Gegenliebe: »Mann, wat is dat denn für'ne Scheiße. Wat spielst du dir denn für'n Salat zusammen?« Als der Weihnachtsmann die Wohnung der van den Bergs betritt, wird er gleich vom Vater angequatscht: »Sie haben sicher auch schon Geschenke dabei? Könnte ich meins gleich schon haben?« »Wat is dat denn, 'ne Unterhose ohne Schlitz, Erika, ohne Schlitz?!«

Auch beim folgenden Gottesdienst will keine rechte Weihnachtsstimmung aufkommen, da der Pastor auf der Kanzel lieber Reibekuchen isst und die Familie van den Berg am liebsten aus der Kirche werfen würde. Im abschließenden »Weihnachtstraum« erinnert sich Sohn Jürgen an die Weihnachtsbescherung im Jahr 1957, als er Fleischwurst, Kaffee, Erbsen in der Büchse und zwei Mandarinen unter dem Baum fand. Fast wehmütig blickt er dann auf die Geschenke von heute: »Auto, Pferd, Haus, Schwimmbad, Orgel, Pferde, ein Stall und so weiter, und so weiter.« Trotz dieser opulenten Präsente wünscht er sich zuallererst »natürlich Frieden auf der ganzen Welt – vor allem bei uns im Kühlschrank, mit Verlaub!«. Der Nachsatz bricht das ganze verlogene Friedens-Pathos auf: Ein einziges querstehendes Wort lässt den Sinn im Unsinn versickern.

Eine ähnliche Strategie verfolgt Schneider in fast allen Talkshows, in die er eingeladen wird. Sobald die Moderatoren ihn in ihr TV-Repräsentationssystem einzugemeinden versuchen, verweigert er sich ihren Sprechritualen. Selbst ein gewiefter Gastgeber wie Harald Schmidt, der ja in Gesprächen gern den naiv Hilflosen gibt, scheitert an Schneider: Er eröffnet das Gespräch mit der Frage »Hast Du Haustiere?«, um Helge zu einer seiner Tiergeschichten zu animieren. Der antwortet: »Ja, ich mag Tiere sehr!« Frage: »Welche? Hunde? Katzen?« Antwort: »Hund hab ich nicht, aber Katze. Aber ich habe auch andere Haustiere. Zum Beispiel Käse.« Mit dieser willkürlichen Schlusspointe lässt Schneider Schmidt talktechnisch ins Leere laufen. Sie ist eben nicht anschlussfähig, und Schmidt sieht sich gezwungen, das Thema zu wechseln, das von Helge dann in ähnlicher Weise abgewürgt werden kann. Durch seine gezielte Negation von Erwartungshaltungen erlangt Schneider immer die Diskurshoheit zurück.

Zum eigentlichen Highlight von Schneiders Hörspiel-Werk aber avanciert die erstmals auf dem Album von Helge and the Firefuckers veröffentlichte Bürokratie-Studie »Arbeitsamt II«. Immer wieder schlägt die Absurdität in diesem vierminütigen

Fragebogen Helge Schneider

Was ist für Sie das größte Unglück? einen Fragebogen ausfüllen zu müssen!

Wo möchten Sie leben? im Tertiär (weiß keiner mehr, wann das war, ich auch nicht

Was ist für Sie das vollkommene irdische Glück? wenn die Haare gut liegen

Was war ihr schönstes Kindheitserlebnis? selbst 2 Bonbons an der Büdde gekauft

Was ist für Sie das größte Ärgernis der Gegenwart? blöde bewaffnete Doofe

Welche Fehler entschuldigen Sie am ehesten? Fehler.

Ihre Lieblingsgestalt in der Geschichte? König Etzel (kenn ich nix von!) aber der Name.

Ihr größter Held / ihre größte Heldin in der Gegenwart? die elektrische Gitarre.

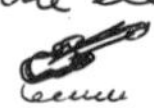

Ihr Lieblingsmaler? van Gogh (habe einige Originale!)

Ihr Lieblingskomponist? G.F. Händel

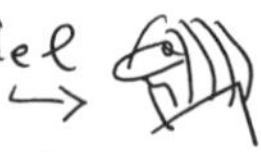

Ihr Lieblingsmusiker? W.A. Mozart und auch James Brown

Welche Eigenschaften schätzen Sie an einem Mann am meisten? Ruhe.

Welche Eigenschaften schätzen Sie an einer Frau am meisten? in der Küche gut (essen)

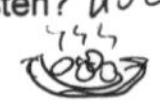

Ihre Lieblingsbeschäftigung? Kritzeln.

Wer oder was hätten Sie gern sein mögen? Herbert Lom (Schauspieler)

Ihr Hauptcharakterzug? Haare waschen. 

Was schätzen Sie bei Ihren Freunden am meisten? deren Freund (ich!)

Ihr größter Fehler? bin mal falsch aufgetreten mit dem linken Fuß. Seitdem Zeh etwas verformt.

Was wäre für Sie das größte Unglück? Durchfall in Gelben Sachen an beim Auftritt.

Ihre Lieblingsfarbe? blau

Ihre Lieblingsblume? verschiedene Unkrauts 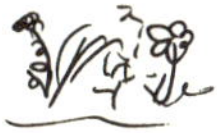

Ihr Lieblingstier? Koalabär 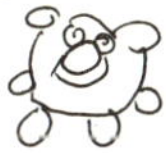

Ihr Lieblingsschriftsteller? Frederic Forsythe

Ihr Lieblingsschauspieler? Dom de Luise

Ihre Lieblingsnamen? Penderecki und Zoltan oder Wutz

Was verabscheuen Sie am meisten? Quallen vor dem Mund

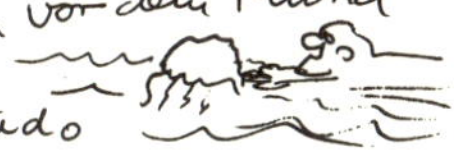

Welche natürliche Gabe möchten Sie besitzen? Judo

Ihre gegenwärtige Geistesverfassung? top

Ihr Motto? muß

Meisterwerk Purzelbäume: »›Guten Tach, mein Name ist Schneider, ich such 'ne Arbeit.‹ ›Guten Tag, ja, da sind Sie hier richtig.‹ ›Aber ich sagte doch direkt am Anfang schon, dass die Arbeit nicht unbedingt sauber sein muss.‹ ›Ah ja, in Säure, in Säure.‹ ›Und dass ich auch nicht so viel Geld verdienen muss.‹ ›Ja, kein Geld und Säure.‹ ›Schön wär's natürlich, aber wenn nicht, dann lass ich mich auch gern damit zufrieden geben.‹«

Der folgende Dialog über Arbeitszeitverkürzung auf der Baustelle gehört in seiner kalkulierten Verwirrnis zu den gelungensten des ganzen Schneider-Œuvres. Gleichwohl ist hier nichts improvisiert, obwohl es so wirkt, wenn sich die beiden Sprechenden immer wieder unmotiviert ins Wort fallen und überschneiden: »›Kann man denn da auch Frühstückspause machen?‹ ›Ja, selbstverständlich.‹ ›Und kann man die auch mittags machen, nach der Mittagspause?‹ ›Nein, die Frühstückspause ist um acht Uhr.‹ ›Ich meine, dass ich das nachziehe, dass ich vorarbeite.‹ ›Also Sie machen keine Frühstückspause?‹ ›Ja, nach der Mittagspause.‹ ›Also nach der Mittagspause, nein, das geht nicht.‹ ›Und die Kaffeepause noch in die Mittagspause reinnehmen, damit die Mittagspause länger ist?‹ ›Nein, das macht keine Firma.‹ ›Und dann die Frühstückspause, dass ich dann gehe?‹ ›Herr Schneider, nein, das macht keine Firma.‹ ›Ach so.‹«

Die Wort-, Sinn- und Klang-Schlacht, die hier ausgetragen wird, muss in einem Massaker der Schlüssigkeit enden. Nicht nur der Gesprächspartner ist perplex, auch der Zuhörer verliert für Momente die Orientierung. Das Gespräch klingt wie eine Jam-Session mit Worten. Und doch hat Schneider hier seine Hörspiel-Miniatur mit äußerster Akkuratesse durchkonstruiert und nichts dem Zufall überlassen. Im systematischen Verfehlen eines Aussagesinns triumphiert einmal mehr präzise Ungenauigkeit.

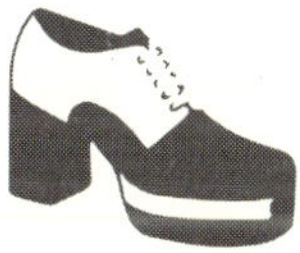

Virtuose des Unsagbaren: Der rebellische Romancier

Schneiders Romane werden von ähnlichen Strukturen geprägt: Was wie eine zufällige und willkürliche Aneinanderreihung von Handlungssequenzen wirkt, zumeist in naiven Aussagesätzen formuliert, voll von Klischees, Übertreibungen und Zitaten, unterliegt trotzdem der beständigen Kontrolle des Autors: »Andere Leute lassen sich was einfallen und schreiben das auf. Ich denke beim Schreiben. Das ist so wie improvisieren. Ich sehe mich eigentlich mehr als Maler, also nicht als Literat, sondern als Buchmaler.«

Kaum ein literarisches Genre, das nicht schon dem Schneider'schen Wahnwitz zum Opfer gefallen ist: Neben den beiden Biographien *Guten Tach. Auf Wiedersehn. Autobiographie, Teil I* (1992) und *Bonbon aus Wurst. Mein Leben* (2009) hat er in bisher sechs Kommissar-Schneider-Romanen (1994–2011) das Krimi-Genre neu ausgemalt, in *Eiersalat – Eine Frau geht seinen Weg* (1999) feministische Literatur definiert, mit *Globus Dei. Vom Nordpol bis Patagonien* (2005) den Expeditionsroman parodiert, dem historischen Schelmenroman durch *Die Memoiren des Rodriguez Faszanatas. Bekenntnisse eines Heiratsschwindlers* (2006) neue Aktualität verliehen und der klassischen Familiensaga mit *Eine Liebe im Sechsachteltakt* (2008) ein Denkmal gesetzt.

In all diesen Werken hat Helge mit einer Schwierigkeit zu kämpfen, die schon andere schreibende Komiker vor ihm umtrieb: Während ihre Gestik und Mimik, ihr Erzählton, unvermittelte Pausen und wechselnde Lautstärken das Gesagte auf der Bühne belebten, fehlt der bloßen Schrift diese Ausdruckskraft.

Hinzu kommt, dass ein Gutteil von Schneiders absurden Aktionen seine Wirkung aus dem *Deadpan*-Prinzip entfaltet, das vor ihm schon Buster Keaton oder Karl Valentin kultivierten: Die bewusste Ausdruckslosigkeit des Gesichts, der vollkommene Verzicht auf emotionale Regungen steht in aufreizendem Kontrast zu körperlichem Klamauk und grotesken Erzählungen. Dem Gesicht scheint etwas zu fehlen, wenn es unbewegt bleibt. Das Papier ist von vornherein ausdruckslos, erduldet jede Maßlosigkeit. Der Kontrasteffekt kann hier nicht greifen, denn dem Blatt Papier fehlt nichts. Aus diesem Grund kann das Skurrile darauf leicht in Ödnis versanden.

Dreh dich nicht um …: Die Krimis

Seinen ersten Kriminalroman *Zieh dich aus, du alte Hippe* kündigt Schneider 1994 mit den Worten an: »Er ist teilweise absurd! Weil die Realität anders aussieht, verzichtet der Meister des gesprochenen Wortes auf jegliche Anlehnung an sie. Jedoch, im Ganzen gelesen, erzählen uns die Zeilen nicht die Wahrheit über einen sehr komplizierten Fall«. Auch in dieser Selbstbeschreibung Schneiders stimmt alles und nichts. »Jedoch« führt ebenso in die Irre wie zuvor das Wörtchen »Weil«.

Die ins Maßlose ausgedehnte Geschichte spielt im Kleinstadtmilieu: Ein grausamer Mörder überfällt Frauen mit der Aufforderung »Zieh dich aus, du alte Hippe«, um sie sofort brutal zu töten. In seiner bewusst unbeholfenen, fast kindlichen Sprache manövriert Schneider den Leser durch ein Gewirr von Handlungssträngen. Der Bösewicht, der gleich zu Beginn des Romans mit einer Frauenleiche nach Hause kommt, wird unglücklicherweise in seiner Küche von einer Wespe gestochen, stirbt und spielt im Folgenden keine Rolle mehr. Andere Tatverdächtige wie der Bürgermeister, die Putzfrau des Polizeireviers oder auch der wiederauferstandene Komponist Beethoven werden von Kommissar Schneider aber genauestens unter die Lupe genommen. Die Handlung ist vollkommen abstrus, voller inhaltlich-logischer Widersprüche und generiert nebenbei wundervoll verquere Sätze wie »Der Bürgermeister kann sich gerade noch anschnallen, da macht der Wagen einen Satz und streckt sich zum Horizont«.

Hauptfaktor in allen Schneider'schen Kriminalromanen ist der Zufall: Immer wieder brechen völlig unzusammenhängende und gleichermaßen unvorhergesehene Ereignisse sprunghaft in den Handlungsverlauf ein. So inkonsistent wie der Erzählverlauf präsentiert sich auch die Figur des Kommissar Schneider. Im Namen der Menschlichkeit agiert er äußerst brutal, gesetzlos, schlägt Verdächtige, gerne auch Fotografen zusammen oder tötet unschuldige Personen, die ihm widersprechen. Auf die Frage nach dem Grund für all die Gewalttätigkeit erklärt Helge: »Ich bin nur der Chronist, kann also keine Verantwortung und Erklärung übernehmen.« Wie sollte man auch das Tatwerkszeug, »eine aufgesägte Chappi-Dose« näher erläutern? Es häufen sich die Leichen, die Erzählfäden verheddern sich immer mehr und im Präsidium will jeder den

»appen Arm«, den Kommissar Schneider beim Benzinnachfüllen verloren hat, unbedingt mal anfassen. Kein Wunder, dass sich der Kritiker Marcel Reich-Ranicki 1994 in einer Literatursendung mit Thomas Gottschalk und Helge Schneider weigerte, den Roman überhaupt in die Hand zu nehmen.

Alle folgenden Krimis Schneiders versuchen fatalerweise, den Debütroman noch zu übertreffen, die Handlung noch absurder, noch grausamer, noch exzentrischer und unsinniger zu gestalten. Und ständig werden konventionelle Krimi-Erwartungen gezielt enttäuscht, da der Autor in einem Nebeneinander filmhafter Sequenzen nur Ereignisse beschreibt, keine Entwicklung.

Dennoch: An Schneiders Romanen fasziniert die sich selbst genügende Gesetzlosigkeit der erzählten Welten: Sie sind völlig autonom. Man könnte als einzig wiederkehrende Konstante die totale Inkonsistenz des Erzählten ausmachen. Dabei lassen die lexikalisch zumeist armen und verqueren Sätze jeden sprachästhetischen Anspruch hinter sich. Wenn man sich darauf einlässt, können sie dem Leser in ihrer diffusen Mehrdeutigkeit einen unendlichen Assoziationsraum öffnen.

Viele Rezensenten haben in Helges fünftem Kriminalroman *Aprikose, Banane, Erdbeer – Kommissar Schneider und die Satanskralle von Singapur* von 2004 sein bisher anspruchsvollstes humoristisches Werk gesehen, das in ernsthafterem Ton seinen bekannten Trash-Humor mit dramatischen Elementen verbindet. Wie gewohnt fängt die Handlung irgendwo an und hört irgendwo auf. Dazwischen passt keine Episode zur nächsten. Obwohl eigentlich schon in Rente, muss Schneider einen mörderischen, einarmigen Verbrecher jagen, der nebenbei als Erfinder der »Papp-Pipeline« gilt. Bei seinen Ermittlungen gerät die Welt mehr und mehr aus den Fugen: Zeitdimensionen überlagern sich, Ritter in voller Rüstung und Dinosaurier stellen sich Kommissar Schneider in den Weg, wenn der nicht gerade im Bordell ist oder seine Lieblingsfernsehsendung *Teletubbies* sieht.

Vielleicht liegt es an der Komplexitätssteigerung dieses Romans, dass sich das Schauspielhaus Bochum 2005 entschloss, *Aprikose, Banane, Erdbeer* als Theaterstück auf die Bühne zu bringen. Zur Inszenierung bemerkte Schneider in kryptischer Weisheit: »Man muss das Stück erst sehen, um herauszufinden, von welcher Art der philosophischen Beschränkungen man verfolgt wird. Es hat sicher wieder etwas mit der Freiheit des Denkens zu tun. Was aber noch lange nicht heißt, dass ich Freiheit ausdrücken will.«

In seinem bis heute letzten Krimi, dem 2011 veröffentlichten *Satan Loco*, führt Helge das Genre des Kriminalromans dann endgültig ad absurdum. Erst nachdem der Kommissar eingeschritten ist, kommt es überhaupt zum Verbrechen. Denn Schneider ermittelt auf 138 Seiten ohne Fall, ohne Täter und ohne Opfer. Der Kommissar fährt einfach mal nach Mallorca, wo seine Tochter Nicole von einer Modellkarriere träumt und auf den durchtriebenen Aktfotografen Jeremy Conzjewskie hereinfällt. Parallel dazu brettert eine rabiate Aussteigerfigur namens Satan Loco auf ihrem Motorrad durch die Sierra Nevada, und ein schwäbischer Campingfanatiker erfindet eine erfolgreiche Vorrichtung zum Fliegenfangen. Wenn man dann noch den Schlusssatz des Prologs »Auf dem Boden in der Kirche lag ein zusammengeknüllter Damenslip« hinzunimmt, hat man alle Ingredienzien für einen weiteren Antiroman in Schneider'scher Manier. Sein vorsätzlich falscher Gebrauch von Reflexivpronomen, die maßlose Häufung starker Verben und schillernder Adjektive, seine Vorliebe für Allerweltswörter, die gestückelte Aneinanderreihung von Sätzen, all das funktioniert im Dienst einer kindlich-naiven Hellsichtigkeit. Wer wollte schon Schneiders Logik widersprechen, wenn er den von Satan Loco zum Haustier gezähmten Puma Legumes in einem inneren Monolog sinnieren lässt: »Ob Tiere denken können? Legumes wusste es nicht, denn auch er dachte ja nicht.«

Rund ist die Welt, bunt ist die Welt: Vier Nicht-Krimis

So wenig, wie Schneiders sechs Kriminalstücke inhaltlich zusammenhängen, so wenig lassen sich auch die anderen vier Romane inhaltlich ordnen. Ihre Gemeinsamkeit besteht allein darin, dass es sich bei ihnen um eine Form *kleiner Literatur* handelt, die sich eben nicht aus großer Sprache definiert, sondern vielmehr aus ihrer besonderen Handhabung. In ihrer Kafka-Studie schreiben Gilles Deleuze und Félix Guattari: »Eine kleine oder mindere Literatur ist nicht die Literatur einer kleinen Sprache, sondern die einer Minderheit, die sich einer großen Sprache bedient.« Entsprechend lassen sich viele der von der Literaturwissenschaft identifizierten Stilmittel Kafkas auch in Schneiders Werken finden: »Tier-Metaphorik, Absurdität, Sprachdichte, Beschränkung des Vokabulars, transzendente Gesetzlichkeit, Verlorenheit des Individuums, Schicksalhaftigkeit des Geschehens, um nur einige zu nennen«, wie Jörg Seidel ausführt.

Wer Schneiders Motto seines Romans *Eiersalat – Eine Frau geht seinen Weg* (1999) liest, könnte zunächst von den ernsthaften Absichten des Autors überzeugt sein: »Alle wissen, dass eine seelische und globale Zerstörung droht, wenn es nicht gelingt, weibliche Werte zu verwirklichen.« Deshalb rechnet Helga Maria Schneider auch schonungslos mit der Männerwelt ab, tritt einer Urlaubsbekanntschaft schon mal in die Weichteile und schreckt auch vor Mord nicht zurück. In typischem Schneider-Sound saugt Helga Maria gleich bei ihrer Landung auf einer griechischen Insel »mit bebenden Nüstern« den Duft der neuen Freiheit ein. Doch nach der ernüchternden Erfahrung mit einem »Kacksurfbrettbesitzer« will sie bald auf dem Festland der Langeweile und dem schlechten Wetter entgehen: »Auf der kleinen Fähre konnte ich mit Vergnügen zusehen, wie lauter eingebildete Fatzkes plötzlich anfingen zu kotzen! Der starke Seegang war wohl nur etwas für gestandene Weibsbilder, wie ich es bin.« Schneider überzeichnet seine Emanze als Klischee-Frau, die sich nur noch auf »Frauenfestivals« und in einer »Frauen-Autoreparaturwerkstatt« wohlfühlt. Oft fehlt in den Schilderungen allerdings das absurdwitzige Moment, die Sätze klingen durchdachter und Schneider scheint in neuer Ernsthaftigkeit mehr Wert auf literarische Qualität zu legen.

Von ganz anderem Kaliber ist dagegen Schneiders Reiseroman *Globus Dei – Vom Nordpol bis Patagonien* (2005). Obwohl er sich als ausgebuffter Globetrotter präsentiert, reist Helge nur im Kopf um die Welt. Nach einer imaginären Ballonfahrt zum Nordpol, ausgerüstet mit »Falt-Axt«, Topfpflanze im Rucksack und genügend Mickey-Maus-Heften, tauscht er zunächst bei den Eskimos eine Probepackung Hustenbonbons aus der Apotheke gegen einen Hundeschlitten mit acht Huskies ein. Damit geht es von Grönland nach Russland und über »ein Stück China« weiter in den Kaukasus. Wer wollte bezweifeln: »Ein Ritt durch den Kaukasus ist ein Muss für den Pferdefreund.« Weitere Stationen von Schneiders panischer Weltreise sind Persien, Italien, Andalusien, der Karneval in Rio, die Galapagos-Inseln, Belgien, Portugal und die USA. Für seine Reise im Geiste benötigt er nur seine 25 Kilogramm schwere Schreibmaschine und eine 12-Volt-Batterie, »um mitten im Kaukasus einen Föhn anzuschließen. Man kann ja nie wissen, und außerdem kann man sich mit nassen Haaren erkälten.« Als Running Gag zieht sich Schneiders beharrliches Plädoyer für die Enthaltsamkeit vor der Ehe durch das Buch, obwohl er nur mit Mühe der Verführungskraft brasilianischer Tänzerinnen und russischer Kampfpilotinnen widerstehen kann. Fast möchte man glauben, Schneider wolle hier einen Expeditionsroman mit moralischem Anspruch und sozialkritischem Hintergrund vorlegen, doch mit einem grandiosen Satz führt er alle Weltverbesserungsabsichten ad absurdum: »Denn dass die Welt rund war, wussten die Menschen schon, aber nicht wie rund.«

Nach seinen Überlebenstipps für Weltenbummler legt Schneider mit den *Memoiren des Rodriguez Faszanatas* ein Jahr später die *Bekenntnisse eines Heiratsschwindlers* vor. Auch hier wie schon in *Globus Dei* irritiert der Trickser und Betrüger durch sein ständiges Bekenntnis zur sexuellen Abstinenz: »Na gut, Petting ja, aber kein GV.« Dabei werden alle Klischees eines Heiratsschwindlers (Gewinnerlächeln, sagenhaftes Einfühlungsvermögen, Vorliebe für schnelle Sportwagen, umwerfender Charme, kleine Geschenke usw.) durchmustert: »Bigamie war für ihn zu wenig, er war ein professioneller Septogamist (die Woche hat sieben Tage).« Geboren 1937 in Madrid und Bademeister von Beruf, ist Faszanatas bald in der halben Welt unterwegs, um zu gucken, »ob es nicht etwas zu heiraten gibt«. Dank seiner schmierigen Fähigkeit zur Verstellung kann er beim Metzger schon mal ein Zusatzkotelett ergattern oder die Gräfin von Bordeaux bezirzen. Dabei neigt auch der bisweilen melancholische Herzensbrecher zu sinnloser Gewalt, etwa wenn er den Vermieter mit einem Feuerlöscher erschlägt, ihn anschließend zersägt und im Fluss entsorgt (»Seine Rippen trieben im Rio«). Auch hier stehen die einzelnen Episoden in keinerlei Zusammenhang miteinander und formen sich nie zu einer stringenten Lebensbeichte.

Der von Selbstmitleid gebeutelte Robert Fork, Held von Schneiders Familiendrama *Eine Liebe im Sechsachteltakt* (2008) – angelehnt an die Robert-Stolz-Operette *Zwei Herzen im Dreivierteltakt* aus den 1930er Jahren –, ist keine wirkliche Identifikationsfigur für den Leser. Ob in Moskau, Brisbane, New York, Amsterdam, Frankfurt oder Nairobi – wenn der ehemalige Chefarzt durch die Straßen streift, fragt man sich unwillkürlich: Soll das hier eine Liebesgeschichte, ein Krimi oder gemäß dem Untertitel ein *Schicksalsroman* sein? Nach dem Suizid seiner Lebensgefährtin Angélique Tessier steigt Fork bald einer jungen Studentin nach. Obwohl die Story nicht ganz so sprunghaft, verworren und bizarr ist, wie man es aus früheren Schneider-Büchern kennt, geht auch hier Helges Erzählfuror bisweilen mit ihm durch: »Die Stadt atmet schwer ihre letzten Nachttropfen ein, schon schwärmte die Sonne aus, und ihre goldgelbe Natur umheerte den Horizont wie eine nölige Nase ohne Ursprung.« Leider hält der Autor die Verheißung dieser einleitenden Nonsens-Metapher im Folgenden nicht durch: Nur selten blitzt noch der alte Helge-Wahnwitz zwischen den Zeilen auf – gemäß seinem Credo: »Nichts ist ihm zu belanglos, um nicht noch einmal darauf hinzuweisen.«

Schneiders Originalität als Schriftsteller beruht damit auch keineswegs auf der Perfektion oder gar Revolution von literarischen Genres. Im Gegenteil: Er versucht die klassischen Formen bis auf ihr nacktes Gerippe herunterzubrechen, sie von allem Klischee-Ballast zu reinigen – und das geschieht durch Verunreinigungen, durch Überhöhung von Gemeinplätzen und verdrehte Anwendung bekannter Schreibroutinen. Damit widersetzt er sich nicht nur der herrschenden Optimierungslogik, er demonstriert zugleich, dass er den Perfektionswahn durchschaut und persifliert hat. Hinter all dem medialen Rauschen sinnt er dem Ungeahnten nach. Vielleicht erklärt sich der massenhafte Erfolg von Schneiders Romanen dadurch, dass er die Klischees, all das, was wir schon längst nicht mehr hören können, durch eine dreiste Poetik des bloßen Antippens erträglich macht.

Den Erkenntniswert von Niedergeschriebenem hat Helge jedenfalls schon früh am »Buch der Bücher« veranschaulicht: »Das ist eine sehr gute Erfindung von dem Gutenberg. Er schrieb das erste Buch der Welt. Es handelt von einem jungen Mann, der erst in ärmlichen Verhältnissen lebte, seine Eltern waren in einem Stall geboren. Und dann ist er bekannter geworden in seiner Gegend und hat sogar so Sachen gemacht wie über Wasser laufen, als brennender Busch verkleiden, im Himmel sein usw. Sein Name war Jürgen. Oder so ähnlich.«

Wer nun aus solchen flapsigen Äußerungen folgert, Schneider sei Atheist, liegt falsch. Erst kürzlich bekannte er in einem Interview, dass es Gott gebe, »genauso wie es uns angeblich auch gibt«. Er hat auch eine ganz bestimmte Vorstellung von der Person des Höchsten: »Er muss ganz alt sein. Vielleicht rasiert er sich, um nicht so alt zu wirken. Und er guckt nur. Er spricht durch die Musik von Beethoven.«

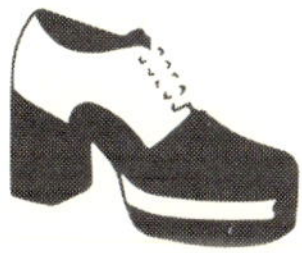

Ohne Drehbuch und Pointen: Der Filmemacher und Schauspieler

Schon der erste Streifen, in dem Schneider Regie führt, die namenlose Hauptrolle spielt und mit rudimentärem Jazz-Swing für die musikalische Untermalung der losen Szenenfolge sorgt, verweigert sich allen Regeln des Film-Handwerks. Und doch ist er eine herrlich absurde Mini-Komödie. Der Titel *Stangenfieber* (1987) bezieht sich auf die »reizenden Pömmes aus München«, die Peter Thoms – hier in der Rolle des »ABC-Grill«-Inhabers – Schneider und seiner Freundin serviert. Mit einem kurzen Ballettröckchen bekleidet, führt Thoms einen Veitstanz auf, als zwei dudelsackspielende Studenten die Pommesbude betreten und gleichzeitig zu sprechen anfangen. Mit seinem Ausruf »Jetzt ist aber bald Feierabend hier!« macht Schneider dem Wirrwarr ein Ende.

Die Eingangssequenz deutet bereits die vollkommen absurde und zusammenhanglose Handlung an: Schneider betritt scheinbar todmüde seine Wohnung und lässt dilettantisch einen Revolver um seinen Zeigefinger kreisen. Zuvor hatte er sich auf einem Mini-Karussell in der Fußgängerzone amüsiert, nur um alsbald im Hausflur fast in eine Schuhputzmaschine hineingezogen zu werden. Thoms taucht hier ebenfalls als Putzfrau auf, Schneider tritt in ihren Putzeimer und stakst mit dem Eimer am Fuß die Treppe hinunter. Mit seiner Freundin, die er augenscheinlich auf dem Weihnachtsmarkt kennengelernt hat, schaut er dann im Fernsehen den »Bananen-Mann«, ignoriert dabei aber völlig jenen Mann, der mit einem Dauergrinsen im Gesicht unter Wasser in Schneiders Badewanne liegt. Am Ende seines neunminütigen Debütfilms ist Schneider im blauen Anorak mit Aktentasche und Hammer zu sehen – kein Wunder, dass seine Freundin ihn daraufhin verlässt.

Der Film wirkt vollständig improvisiert. Großen Anteil an diesem Spontaneitätseffekt hat die fröhlich-dilettantische Kameraführung von Christoph Schlingensief. Erstmals erprobt Schneider hier jenes Stilmittel, das auch seine späteren Filme auszeichnen soll: Ein »reflexives Inszenierungsmoment«, so die Medienwissenschaftlerin Sarah Müller, das die Film-Illusion gezielt durchbricht, indem es seinen eigenen Inszenierungscharakter thematisiert. Dem Zuschauer soll erst gar keine Authentizität vorgegaukelt werden: So sieht man im Hausflur noch deutlich den Regie-Klappe-schlagenden Sergej Gleithmann im Bild.

Leider wurde der im Abspann angekündigte Nachfolgefilm *Der Gummimann* aus Kosten- und Organisationsgründen nie gedreht. Auch den noch vor *Stangenfieber* in Heimarbeit realisierten Film *The Privatier* hat Schneider nie veröffentlicht. Dafür lief *Stangenfieber* wiederholt im Vorprogramm des im Jahr zuvor fertiggestellten Ruhrpottklassikers *Johnny Flash*, der komplett in Mülheim an der Ruhr gedreht wurde. In diesem bekanntesten Streifen von Werner Nekes, dem Mülheimer Experimentalfilmer und Professor für »Lichteratur«, spielt Schneider nämlich seine erste Hauptrolle. Als arbeitsloser Elektriker Jürgen Potzkothen, mit Kassenbrille auf der Nase und Werkzeugkasten in der Hand, träumt er von einer Karriere als Schlagersänger. Doch als naives Muttersöhnchen gerät er schnell in einen Konkurrenzkampf zwischen der Künstleragentur »Toi-Toi-Toi« und einer ehrgeizigen Musikredakteurin namens Cornelia Dohm. Beide wollen den herzlich unbegabten Star in spe für ihre Zwecke ausbeuten. Doch Helge alias Jürgen geht, unterstützt von seiner dominanten Mutter, seinen eigenen Weg und triumphiert schlussendlich in einer Schlager-Hitparade mit dem Lied »Sei doch nicht so kleinlich, Liebe ist nicht peinlich«, ein Song, der sich später auf Schneiders Album *Seine größten Erfolge* und bis heute in seinen Live-Shows wiederfinden sollte.

Wie in allen Schneider-Filmen ist die Handlung auch hier Nebensache. Was zählt, ist der Charme des Unfertigen. Mit weitgehend improvisierten Dialogen, laienhaften Darstellern, streckenweise katastrophaler Ausleuchtung und der bewusst naiven Kameraführung durch Schlingensief erzeugt der Film eine ungewohnte Live-Atmosphäre. Der Schauspieler Andreas Kunze übernimmt in dieser »Heimat-Komödie der dritten Art«, ständig zwischen burlesker Heiterkeit und traurigmachender Groteske schwankend, aus Geldmangel nicht weniger als neun Männer- und Frauenrollen: Von der ewig nörgelnden Mutter über den geldgeilen Künstleragenten bis zum servilen Herrenausstatter. Trotz formaler Kunstmittel wie Mehrfachbelichtung und schnellem Schnitt wirkt der Film wie aus dem Leben gegriffen. Die alberne Handlung wird mit größtem Ernst inszeniert, das Jonglieren mit Filmklischees lässt sie mal hoffnungslos platt, dann wieder raffiniert komödiantisch wirken. Eigentlich ein Film von Nekes, wird *Johnny Flash* oft als der erste echte Helge-Film wahrgenommen. Das liegt nicht zuletzt daran, dass Schneider die komplette Filmmusik lieferte.

Bei den Dreharbeiten zu *Johnny Flash* hatte er den Mülheimer Avantgarde-Filmer Christoph Schlingensief kennen- und schätzengelernt. Gerne war Schneider deshalb auch in dessen zweitem Langfilm *Menu Total* mit von der Partie. In dieser »Rocky Horror History Show« arbeitet sich Schlingensief nicht nur an der deutschen Vergangenheitsbewältigung, sondern gleich auch noch an ihren Bewältigern ab. In Schlingensiefs nächstem Film *Mutters Maske* sollte Schneider dann in der Rolle des Martin von Mühlenbeck erstmals überzeugend einen bösartigen Charakter verkörpern, der seine Mutter aus Habgier in den Wahnsinn treibt. Einmal mehr zerstückelt Schlingensief die deutsche Geschichte, in der noch massenhaft die alten Nazi-Gespenster herumspuken.

Der ganz normale Western- und Krimi-Wahnsinn

Für sein eigenes Filmhandwerk hat sich Schneider vieles bei Nekes und Schlingensief abgeschaut. Nach dem Tod der beiden hält er bis heute einsam und allein die Fahne der Mülheimer Avantgarde hoch. Wie kommerziell erfolgreich man damit sein kann, dokumentiert er 1993 mit *Texas – Doc Snyder hält die Welt in Atem*. Es handelt sich dabei um den ersten von insgesamt fünf Kinofilmen, in denen Schneider Regie, Drehbuch, Hauptrolle und Musik selbst übernimmt. Mit 1,1 Millionen Kinobesuchern wird es der erfolgreichste Film des Jahres – obwohl er zunächst beim Betrachter nur Ohnmacht erzeugt und sich allen Erklärungsversuchen widersetzt.

Texas im Jahr 1864: Da seine Wäsche dringend gewaschen werden muss, kehrt Doc Snyder (Helge Schneider) nach Hause zu seiner unrasierten Mutter (Andreas Kunze) zurück. Auf dem Weg überfällt er noch schnell eine Postkutsche, verliert dabei seinen Wäschesack und verscherzt es sich mit dem Nasenmann (Peter Thoms). In seiner Heimatstadt angekommen, erfährt Doc, dass sein Bruder Hank (Peter Berling) ausgerechnet am Muttertag *gehankt* werden soll. Das kann er natürlich nicht zulassen und gerät mit dem Sheriff (Werner Abrolat) aneinander. Direkt aus der *Twilight Zone* trifft dann noch Kommissar 00 Schneider (Helge Schneider) mit seinem Assistenten (Helmut Körschgen) im Wilden Westen ein. Und selbst der liebe Gott (Charly Weiss) lässt es sich nicht nehmen, mit einem Erdbeben in das fröhliche Chaos einzugreifen. Schon der einleitende Monolog von Doc Snyder ist ein typischer Schneider-Talk: »Ich hatte den ganzen Tag ja nur 'ne Phosphatstange, Pommes und Salbe gegessen, anner Bude. Jetzt hing mir der Magen bis aufs Pferd runter – es heißt übrigens Angelika.« Klar, dass er da erst mal bei Muttern eine »handgepflückte Bohnensuppe aus dem Topf« essen muss. Bei *Texas* handelt es sich also keineswegs um eine schlichte Western-Parodie, sondern um eine Parodie von Western-Parodien. Nichts läuft so, wie erwartet, alles wuselt und entwickelt seinen eigenen Drive.

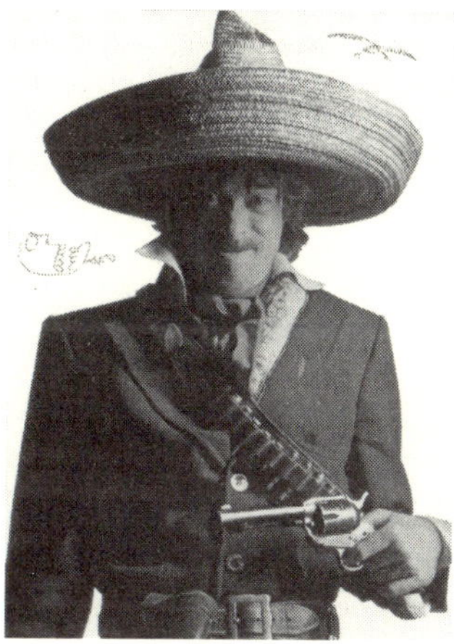

»Indianer, Kojoten und der Wald, hier werd' ich alt«

Die Aufnahmen dieses skurril-verzerrten Westerns fanden zum größten Teil auf der Freilichtbühne der Karl-May-Festspiele im sauerländischen Elspe und in den umliegenden Feldern und Wäldern statt. Als Schauspieler wurden bevorzugt Laien aus Schneiders Freundes- und Bekanntenkreis verpflichtet: Helmut Körschgen erhielt als Parkplatzwächter in Elspe wegen seiner Authentizität und verdatterten Steifheit vom Fleck weg die Rolle des Kriminalassistenten. Nach Ende der Dreharbeiten erschien Schneider der Film jedoch viel zu brav, zu perfekt und langweilig. Also musste er mit ausufernden Nachdrehs gegen das gefilmte Material anarbeiten. Auch interessierten ihn jene Szenen am meisten, die danebengegangen waren. Erst aus diesem Ausschussmaterial formte Schneider das nötige formvollendete Chaos.

In seiner typischen Verweigerungskomik gelingt Schneider im zweiten Anlauf ein unverwechselbar-absurdes Improvisationstheater ohne Gags im eigentlichen Sinne: Bei einem Tänzchen vor dem Saloon bewegt sich Schneider gitarrespielend aus der Filmkulisse heraus und findet sich vor einer kahlen Wand aus Fichtenbrettern (»Nut-Feder-Holz«) wieder. Den vermeintlichen Fauxpas kommentiert er mit den Worten: »Oh, die Wand, scheiße!« Attrappen wie beispielsweise der Plastik-Wellensittich werden nicht kaschiert, sondern als solche überdeutlich kenntlich gemacht. Auch brechen in die Western-Atmosphäre immer wieder technische Errungenschaften einer späteren Zeit wie Telefon, Auto oder Blaulicht ein. Schneider zitiert außerdem Gags seiner Bühnenshows mit Peter Thoms in der Opferrolle: »Der ›Mann mit der Nase‹, er tut mir leid: Getreidemühle, Einsamkeit.« Die Figuren des Films scheinen allesamt aus einem anderen Universum zu stammen: schrullig, einsiedlerisch, mit ganz eigenen Vorstellungen von Welt und Realität. Schneider – das macht der Film mehr als deutlich – liebt seine Umgebung und seine Mitmenschen so, wie sie sind. Da braucht es keine aufwendigen Masken, Requisiten oder kunstvolle Dialoge. Und er war wohl selbst überrascht, dass er mit diesem Film Mitte der 1990er Jahre endgültig zum bundesdeutschen Massenphänomen avancieren sollte. Denn die Kinos waren voll – nicht nur mit Schneider-Hardcore-Fans, die sich selbstverständlich stilecht mit Riesensombreros in die Kinosessel fläzten.

In zwei weiteren Filmen lässt Helge die 00-Schneider-Figur noch einmal aufleben: Während *Jagd auf Nihil Baxter* (1994) von vielen Fans bis heute als sein strapaziösester Streifen verehrt wird und auch der Regisseur und Hauptdarsteller dieser Meinung ist, weil er am »durcheinandersten« sei, wirkt *Im Wendekreis der Eidechse* (2013) überraschend professionell produziert und in seiner technischen Ausführung nur noch wenig laienhaft. Auch in diesen beiden Krimi-Parodien ist letztlich die Rahmenhandlung unwichtig. In nahezu jeder zweiten Szene schweifen die Filme vom Geschehen ab und schwelgen in absurden Nichtigkeiten. Schneiders Trick liegt darin, dass er alle Pointen parat zu haben scheint, sie dann aber doch kunstvoll verheimlicht. Anstatt einem Erzählstrang zu folgen und dem Fortschreiten der Geschichte zu vertrauen, jongliert er immer wieder mit sogenannten *plot points* und bremst dadurch die Handlung aus: Etwas anderes als das, womit man gerechnet hat, tritt ein, Erwartungshaltungen werden konsequent untergraben. Großen Anteil an dieser gelungenen Durchkreuzungsstrategie dürfte in *Nihil Baxter* die neuerliche Kameraführung von Schlingensief haben, der zudem als (nicht genannter) Co-Regisseur verantwortlich war. Zusammen mit Schneider hat er die absolute Leere großartig ausgeleuchtet und jegliche Ansätze von Stringenz oder plausibler Logik aus den Bildern entwischen lassen. Bei allen hanebüchenen Ermittlungsmethoden Schneiders bleibt man als Zuschauer am Ende dankbar dafür, dass einen der Kriminalist an seiner – immer zitierfähigen – Wein-Expertise teilhaben lässt: »Ein edler Tropfen – etwas hart im Ansatz, aber er ragt weit in den Hals hinein.«

Internationales Makakentum: Heimliche Heimatfilme

Das Provinzkaff Karges Loch, in dem *Praxis Dr. Hasenbein* (1997) spielt, ist ein merkwürdiges Mini-Universum jenseits von Zeit und Raum. Der Film knüpft zwar namentlich an die Arzt-Thematik in *Nihil Baxter* an, hat jedoch mit den Kriminalkommissar-Persiflagen nichts zu tun. Mit seiner halbwegs nachvollziehbaren Handlung und der liebenswerten Freakparade in einem urkomischen Nachbarschafts-Kosmos ist der Film wohl Schneiders lustigster Streifen. Der erklärt zu der Mixtur aus imaginären Stummfilmsequenzen und modernem Theater: »Wir haben damit Fragen aufgeworfen, die ich nicht beantworten kann. Ich kenne ja nicht mal die Fragen.« Ausschließlich in künstlichen Kulissen gedreht, die auf dem Areal der 1994 geräumten Wrexham Barracks der Britischen Rheinarmee in Mülheim aufgebaut waren, entfaltet der Film einen ganz speziellen Charme, wird zur Ruhrgebietsvariante dessen, was man anderswo Esprit nennen würde.

Die *Praxis Dr. Hasenbein* residiert in einer selbstgebauten Straße, die in einem aufgemalten Straßentunnel zu verschwinden scheint. Schneider, in der Rolle des Arztes, ist zugleich alleinerziehender Vater von Peterchen (gespielt von

Peter Berling). Der ist viel älter als sein Vater und spielt am liebsten Fangen mit einem Ball, wird dabei aber immer wieder von den Insassen eines Waisenhauses drangsaliert, das Tante Uschi (Andreas Kunze) auf der anderen Straßenseite betreibt. Das Drama nimmt seinen Lauf, als Dr. Hasenbein einen Goldhamster zertreten haben soll.

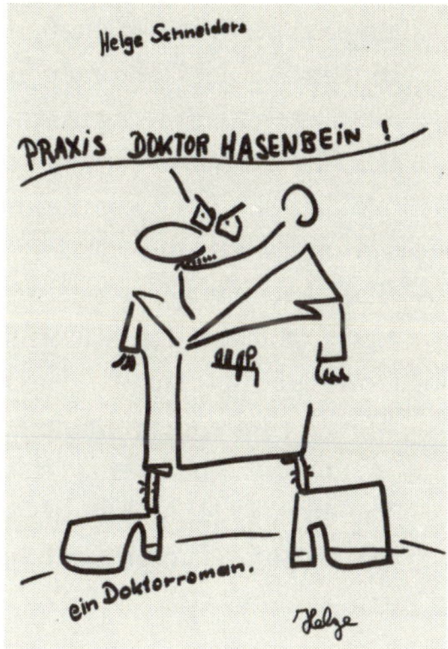

Erster Entwurf für das Filmplakat

Dabei ist der Doktor ein wahrer Menschenfreund und wirbt für seine Künste mit handgemalten Pappschildern am Eingang: »Herzklappentest + 1 Tasse Kaffee zusammen nur DM 10,80« oder »Feine Einläufe! Nur noch DM 72,50«. Seltsamerweise steht auf dem Praxisschild »Dr. Angelika Hasenbein«, Helge erläutert: »Dr. Hasenbein hat keine Frau, und da hat er sich gedacht, muss er zumindest 'nen Frauennamen haben, damit das ein bisschen glaubwürdig erscheint.« Zu rhetorischer Höchstform läuft Schneider auf, wenn er einem Zeitungsverkäufer den Irrsinn von Zeitungen erklärt: »Bei dem internationalen Makakentum heutzutage, da weiß ich gar nicht mehr, ob man sich überhaupt noch 'ne Zeitung kaufen soll. Wenn da jeden Tag was anderes drinsteht, dann ist das ja sowieso Quatsch.« Schnell erweist sich der Arzt als jene Koryphäe, der Schneider schon in seinem *Arbeitsamt II*-Hörspiel ein Denkmal setzte: Er kann nämlich eine Sehnenscheidenentzündung am Klang des Hustens erkennen. Als der Doktor am Ende aus dem Krieg heimkehrt (er dümpelte 30 Jahre lang in einem selbstgebastelten U-Boot vor sich hin, das aus der Requisitenkammer der Augsburger Puppenkiste stammen könnte) hat sich die kleine Welt von Karges Loch komplett verändert. Sein Sohn hat es inzwischen zu »Prof. Peterchen Hasenbein – Homöopathie, Alternativ« gebracht, und aus dem Waisenhaus ist ein Altersheim geworden. Dort verbündet sich Dr. Hasenbein notgedrungen mit seinen alten Freunden, um herzerwärmenden Jazz zu spielen. Die Schlussszene (sie versucht, das berühmte Plattencover von Thelonious Monks Album *Underground* nachzustellen) kann dann schon als Vorgriff auf Schneiders nächsten Film verstanden werden.

Jazzclub – Der frühe Vogel fängt den Wurm (2004) ist der entspannteste Schneider-Film geworden. Er lässt den Dingen in Ruhe ihren Lauf. Die handgezimmerte Antiidylle wird zur liebevollen Hommage an Schneiders Heimatstadt mit ihren Straßen, Parks und Fußgängerzonen und demonstriert ein klares Nein zum durchdesignten Urban Lifestyle: »Als positiver Mensch muss man zu seiner Umwelt auch schön ›Guten Tach!‹ sagen können.« In der Rolle des passionierten Jazzmusikers Teddy Schu hat Schneider ständig Stress mit seiner Frau Jacqueline. Die findet Jazz doof und ist froh, wenn ihr Mann aus dem Haus ist. So arbeitet Teddy frühmorgens als Zeitungsausträger, tagsüber als Fischverkäufer und in den freien Stunden als Gelegenheits-Callboy Rodriguez Faszanatas von der Agentur »Señora Fuck«. Schneider nennt ihn einen »Stunden-Verschönerer«, der auch noch einen Nebenjob als Vorleser bei alten Herrschaften hat. Die Sonne geht für ihn erst abends auf, wenn er in einem maroden Jazzclub mit Freunden, dem Bassisten Steinberg (Jimmy Woode) und dem Drummer Howard Risk (Pete York) jammt.

Der Club wirkt mit seinen Tropfkerzen auf den Tischen und den Maggi-Plakaten an der Theke komplett aus der Zeit gefallen. Als Gage gibt es statt Geld »eingelegte leckere Pflaumen«. Nach dem überraschenden Tod von Clubbesitzer Willi ist für kurze Zeit der Plattenproduzent Mies van de Kalb die einzige Hoffnung des Piano-Trios. Doch die Rettung kommt aus dem All: Marsmännchen in grünen Schlafanzügen wollen die glücklosen Jazzer auf ihren musikhungrigen Heimatplaneten mitnehmen. Der Oberaußerirdische (Helge Schneider) rät in bestem Udo-Lindenberg-Slang zu »Keine Panik!«, und selbst der dicke Billardkönig aus der Jazzkneipe (Andreas Kunze) findet noch Platz auf dem Dachgepäckträger des Raumschiffs.

Obwohl es ein Drehbuch gab, gesteht Schneider: »Ab dem ersten Drehtag habe ich mich nicht mehr danach gerichtet.« Sonst wären wahrscheinlich solche herrlichen Szenen wie die mit Charlie Weiss als obdachlosem Philosophen nie entstanden. Der haust unter einer Eisenbahnbrücke, wo er den ganzen Tag einen Ball vor die Wand wirft und voller Überzeugung bekennt: »Sport ist mein Leben!«

Im Film wird zwar viel gesprochen, aber kaum etwas gesagt: »Wat will ma machen, ne?« Peter Thoms brilliert als Heftpflasterverkäufer: »2 Meter, 2 Mark« und Schneider alias Rodriguez Faszanatas stellt klar: »Ich trinke keinen Tee. Ich bin A-Tee-ist.« Ein weiteres rhetorisches Highlight findet sich in der »Homöopathischen Fachklinik für Doofe«, wo Prof. Henry Teddy Schus Frau die vier Parteien des Gehirns erklärt: »Gucken, Kacken, Packen, Picken.« Lange Live-Musikpassagen unterbrechen immer wieder die sparsame Handlung, die Wiederholung dominiert als dramaturgisches Mittel: In schöner Regelmäßigkeit drehen sich die Aktionen auf der Leinwand im Kreis.

Schneider selbst möchte, wenn er in einen Film geht, »noch denken können und nicht zugeballert werden«. Zugeballert wird man keineswegs, aber für Momente von Schneiders aberwitziger Komik doch regelrecht erschlagen. Dann nämlich, wenn er gegen sintflutartigen Regen ankämpfend, in Regenmantel und Badelatschen Zeitungen austrägt: Da wird mit heiligem Ernst nur noch »Klumpatsch« in die Briefkästen gestopft – eine grandiose Geste der Vergeblichkeit. Auch Schneiders wiederholte Bitte an seinen Bassisten Jimmy Woode »Sag doch noch mal ›Jazz‹!« ist in ihrer Melancholie von anrührender Arglosigkeit. Wahrscheinlich ist dieser Film nicht nur der homogenste, sondern auch der atmosphärisch dichteste aller Leinwandversuche Schneiders, weil der Helge-Humor hier in konzentrierten Dosen verabreicht wird.

»Küsst die Faschisten, wo ihr sie trefft!«: Die Rolle als Hitler

Die richtige Dosierung von abgründiger Komik sollte sich als das Hauptproblem eines Films erweisen, in dem Schneider nur mitspielte, aber für heftige Diskussionen sorgte. *Mein Führer – Die wirklich wahrste Wahrheit über Adolf Hitler* (2007) ist eine Komödie des jüdischen Regisseurs Dani Levy. Schneider übernahm hier die Hauptrolle des Führers und allein diese Besetzung wurde von vielen entrüstungswilligen Holocaust-Deutern wie Rolf Hochhuth oder Ralph Giordano als ungeheure Provokation empfunden. Doch für den Regisseur Levy verkörpert Schneider die perfekte Mischung aus Ernsthaftigkeit und Anarchie. Und man möchte ihm uneingeschränkt zustimmen, wenn Helge mit der ihm eigenen Mischung aus Tragik und Komik in einer Schaumbadewanne beim Seekriegspielen mit Spielzeugschiffen hantiert oder in einer anderen Szene seinen Gegenspieler und Schauspiellehrer Adolf Grünbaum anfährt: »Verschwenden Se aus meinem Antlitz«. Allein das Hochschrecken aus nächtlichen Albträumen erweist sich als schauspielerische Großtat Schneiders – nicht zu vergessen die listige Anspielung auf seinen eigenen Film, als er nachts um zwei seine Dienstlimousine bestellt und seine Adjutanten belehrt: »Nur der frühe Vogel fängt den Wurm!«

Weil der totale Krieg verloren scheint und der Führer zunehmend depressiv wirkt, hat Goebbels die aberwitzige Idee, ausgerechnet den jüdischen Schauspieler Grünbaum aus dem KZ Sachsenhausen heraus zu verpflichten, um Hitler für seine Durchhalteparolen am Neujahrstag 1945 im Berliner Lustgarten rhetorisch fit zu machen. Anfangs noch unsicher und skeptisch (»Die Endlösung dürfen Sie nicht persönlich nehmen!«), fühlt Hitler sich zunehmend zu seinem Schauspieltrainer hingezogen und kann ein ums andere Mal

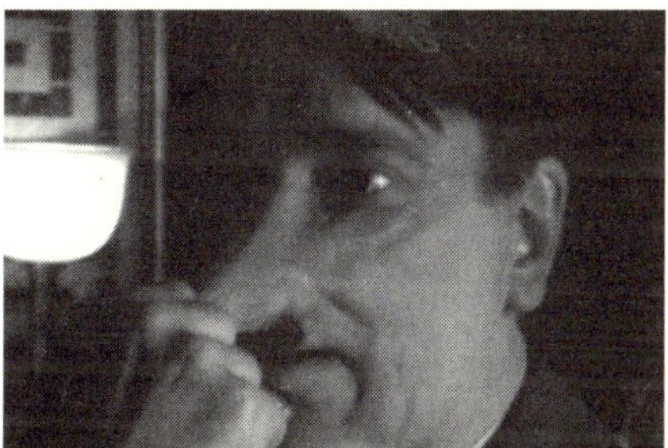

Allen Hitler-Deutern eine lange Nase gezogen

brüllen: »Der Jud tut gut!« Gerade weil Schneider die Rolle Hitlers mit einer Art boshafter Ernsthaftigkeit spielt, entsteht immer wieder unberechenbare Situationskomik.

Doch noch vor der Premiere distanzierte er sich in einem Interview im Schweizer *Blick* von dem Film: Der Regisseur habe die Aussage des Films im Nachhinein verändert und den Fokus von Hitler »mit aller Gewalt auf die jüdische Geschichte verlegt«. Es sei sicherlich kein schlechter Film geworden, aber er könne darüber nicht mehr lachen. Gleichwohl ist es gerade die Fülle absurder Momente, die den Film zu einer anrührenden Karikatur macht: Wer kann das erstarrte Pathos des Führerkults noch ernst nehmen, wenn selbst Adolfs Schäferhund Blondi die rechte Pfote formvollendet zum Hitlergruß erhebt?

Pferde sind auch nur Menschen: *Mendy*

Ab dem 17. April 2003 ging *Mendy – Das Wusical* im Schauspielhaus Bochum fünfzig Mal erfolgreich über die Bühne – Drehbuch, Musik und Regie: Helge Schneider. Bereits in *Texas* hatte er im *Wendy*-Magazin geblättert, einer noch immer populären Pferdezeitschrift für Kinder, vor allem Mädchen, im Alter von etwa sieben bis elf Jahren. Doch Helge treibt die rosarote Pferdchenwelt in den surrealen Wahnsinn: Während die Mutter, Lady Mama, es mit dem Stallknecht treibt, träumt der Vater im Rollstuhl von neuen »Niederquerschnittsreifen« für seinen weißen Porsche. Ein Axtmord aus Versehen, die Entsorgung der Leiche des Knechts in blauen Müllsäcken, sprechende Kegel, ein als schwarzer Vogel umherflatternder Tod, das versuchte Selbstopfer Mendys, die anstelle ihres Lieblingspferds Mocca auf die Schlachtbank gehen möchte, das Pferd, das sich letztendlich als ein in Mendy verknallter Jüngling entpuppt – das Horror-Trash-Splatter-Drama fasziniert durch forcierte Albernheit. Das *Musical* versandet und heraus kommt ein *Wusical.* Der Opernarie sagte Schneider ebenso den Kampf an wie dem pathetischen Rezitationstheater. Auch abgedroschene Alltagssätze tauchen in neuen, entlarvenden Zusammenhängen auf. Den Spruch »Ja, also wenn Sie meinen – Sie sind der Profi!« hat wohl jeder schon einmal gehört. Aber wohl noch nie von einem Vater, der gerade von einem Schlachter erfahren hat, dass der anstelle des Pferdes lieber seine Tochter mitnehmen möchte.

Schneider treibt in dieser überdrehten Klamotte die Allmachtsansprüche des Regietheaters, in dem der szenische Einfall alles und die stringente Story kaum noch etwas zählt, ins surreale Extrem. Da wundert es kaum noch, dass ein Pferd Dr. Rainer Klimke heißt und eine Kuh als Hornersatz Croissants tragen muss. Kein Kalauer wird verschmäht – wenn etwa der nach einem Rodeo-Unfall an den Rollstuhl gefesselte Vater in die Küche rollt und Mendy ihn mit den Worten begrüßte: »So früh schon auf den Beinen?« Dennoch können sich hier Sigmund-Freud-Motive, *Bravo*-Roman-Romantik und Gebrüder-Grimm-Märchen hemmungslos durchkreuzen. Leider besitzt keiner der Schauspieler die darstellerische Virtuosität und das Gesangstalent Schneiders. Deshalb darf man vermuten, dass diese Revue über »Liebe, Intrigen, Neid, Kegeln und die Polizei« mit Helge selbst in einer tragenden Rolle wohl noch um ein Vielfaches kurzweiliger und durchgeknallter dahergekommen wäre.

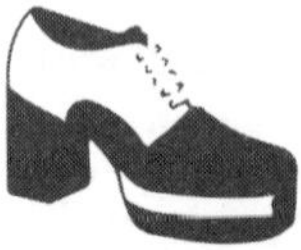

»Mein Leben ist eine einzige Gesellschaftskritik«: Schneiders Politik der Freiheit

> »Als Musiker würde ich sagen: Jazz ist ein Stück Freiheit, das gelebt wird. Und wer will das nicht? Aber die Leute werden im Leben nicht darauf vorbereitet – in der Schule nicht, im Musikunterricht nicht, wo auch immer nicht.«
> (Schneider im Interview)

Für Schneider ist Freiheit der Wesenskern seiner Kunst: »Ich sage: ›Leute, bei mir kann alles danebengehen.‹ Und das gibt mir totale Freiheit und das spüren die Leute.« Wiederholt hat er sich für eine Politik der Freiheit, für uneinholbare Individualität ausgesprochen. In allen Facetten seines Werks bleibt Schneiders Hauptziel Souveränität, die zugleich Unverwechselbarkeit und Unabhängigkeit meint: »Ich verschreibe mich nie irgendeiner Sache, ich bin die Sache selbst.«

Wer sich seinen Geschichten, Liedern oder Filmen ausliefert, spürt sofort, dass sich hier jemand aus Passion jedem Zwang zur Konformität widersetzt. Zuallererst gilt dies für Schneiders Sprache, die einer Privatsprache gleichkommt. Aus all dem hat Jörg Seidel in seiner philosophischen Schneider-Studie die steile

These entwickelt, Helge sei ein verkappter Kyniker, seine radikal individuelle Existenzweise stehe in der Tradition eines Diogenes von Sinope, des bedürfnislosen Aufklärers aus der Tonne. Als Schneider 2009 in einem Interview der *Frankfurter Rundschau* mit dieser Interpretation konfrontiert wurde, replizierte er scheinbar ahnungslos: »Was sind denn Kyniker? Ich kenne nur Künast [Renate Künast, die damalige grüne Bundesministerin für Ernährung, Landwirtschaft und Verbraucherschutz]. Naja, besitzlos bin ich nicht gerade. Ich habe ziemlich viele Klamotten für meine Musik, Flügel, Lichtanlagen und Lkw. Ich leite ja mehr oder weniger ein kleines mittelständisches Unternehmen. Aber ich habe keine besonderen Ansprüche an andere, und an mich eigentlich nur den, dass es mir gut geht.«

Der Wegweiser muss den Weg, den er weist, ja nicht selbst gehen. In diesem Sinne kann Schneider sehr wohl kynische Impulse gegen einen zynischen Zeitgeist mobilisieren, ohne sich dieser philosophischen Tradition ausdrücklich bewusst zu sein. Denn auch der Kyniker will nichts anderes verwirklichen als sich selbst. Sein ganzes Glück beruht auf seiner Autarkie. Innere Freiheit heißt sein Lebensziel. Dies ist nur dann zu erreichen, wenn man existentielle Ängste, materielle Begierden und Unwissenheit hinter sich lässt. Und das kann nur gelingen, wenn kulturelle Übereinkünfte und Rituale durchbrochen werden, wenn der Tabubruch Teil des praktischen Geschäfts wird. Schneider steht zu dieser Überzeugung: »Man muss die Plattform der Sicherheit verlassen, runterspringen ins Nichts. Ich akzeptiere auch, unsicher zu sein, ich arbeite in der Gefahr.« Erst in dieser Konzentration auf das Eigentliche, das Selbst, gewinnt der Kyniker seine spezifische Freiheit zu etwas, die eben auch – wie im ganzen Werk Schneiders spürbar – die Freiheit zur Selbstentblößung und Selbstdenunziation mit einschließt.

Zum kynischen Freiheitsbegriff zählt zwingend auch die Redefreiheit. Als Diogenes gefragt wurde, was unter den Menschen das Schönste sei, antwortete er angeblich: »Das freie Wort.« Diese freimütige Rede bedeutet eben auch, sich auf andere Weise auszudrücken, als dies im normalen Sprachgebrauch geschieht. Denn wer etwas anderes zu sagen hat, sollte dies auch anders sagen können. Der Philosoph und Sozialwissenschaftler Jürgen Habermas hat in diesem Zusammenhang einmal bemerkt, dass »der Kyniker aus der Kommunikationsgemeinschaft der Vernünftigen aussteigt, indem er die sprachliche Verständigung mit den primitiven Mitteln analogischer Ausdrucksformen fortsetzt« – eine unfreiwillig schöne Beschreibung von Schneiders Erzählkunst.

Zur kynischen Rede zählt ebenso der Mut zur verbalen Konfrontation. Eine schon in der Antike weitverbreitete Anekdote liefert ein schlagendes Beispiel: Als Alexander der Große Diognenes einen beliebigen Wunsch gewährte, soll der Philosoph frech geantwortet haben: »Geh mir aus der Sonne!« Auch so ein Satz wäre in seiner kynischen Unverschämtheit Schneider-typisch. Denn mit der Unsinnslogik seiner Sprachspiele hat er wiederholt provoziert und sich bewusst außerhalb der Kommunikationsgemeinschaft bundesdeutscher Alleinunterhalter positioniert.

Fast scheint es sogar, als habe er in seinem Werk versucht, das Credo des spätantiken Autors Lukian einzulösen: »Deine Sprache muss etwas Fremdes und der Ton deiner Stimme etwas Knurriges und Hündisches haben; dein Gesicht muss in die Länge gezogen sein, und dein Gang wie sich's zu einem solchen Gesichte schickt.« Sofort hat man das Bild des Bühnenmenschen Schneider vor Augen.

Die Freiheit des Kynikers ist also nicht so sehr die Freiheit

> »Ich versuche einfach, in unserer Gesellschaft der Pol zu sein, der den Leuten Freiheit zeigt, und das könnte ich nicht mehr, wenn ich nur eine bestimmte Gesellschaftsgruppe anspreche.«
> (Schneider im Interview)

des Andersdenkenden, sondern vielmehr die Freiheit des Selbstdenkenden. Deshalb traut der Kyniker auch nur sich selbst und sich deshalb auch alles zu – Schneider lässt grüßen! Sein scheinbarer Ausstieg aus der Gesellschaft entpuppt sich als Einstieg in sich selbst. Aus diesem Grund findet man Helge Schneider auch nie als Redner auf irgendwelchen Demos oder als Unterzeichner irgendwelcher Solidaritätsadressen. Die muss er sich verkneifen, um genügend Kraft für seine fundamentale Freiheitslehre zu konservieren.

Gleichwohl versteht sich Schneider als genuin politischer Kopf, »denn was ich mache, bedeutet ja etwas. Es demonstriert den Menschen Freiheit, und Freiheit ist natürlich politisch«. Er ist überzeugt, dass seine Kunst nachhaltiger wirkt als Personen und Missstände beim Namen zu nennen. Schlösse er sich dem zumeist kurzatmigen Protestnoten-Pop vieler seiner Kollegen an, so würde dies den subversiven Kern seines speziellen Humors nur schwächen. Schneiders Stärke liegt ja gerade darin, sich durch nichts und niemanden vereinnahmen zu lassen. Was seine innige Beziehung zu antiken Vorbildern angeht, so gibt er gern einen verwirrenden Hinweis: »Ein berühmter Philosoph hat einmal gesagt – und ich rede von Vergil – ›Man muss den Tag vor dem Abend loben, damit man was vom Tag hat‹. Also, mit anderen Worten: Gute Laune ist die beste Waffe gegen Regen und Sonnenschein.«

Den vielleicht überzeugendsten Beleg seiner freiheitlichen Selbstbestimmung liefert Schneider gleich zu Beginn des Dokumentarfilms *Mülheim Texas* (2015). Als ihn die Regisseurin Andrea Roggon fragt: »Mich interessiert deine Freiheit und ich denke, die Freiheit ist etwas, das man nicht per se hat?«, antwortet er: »Nee, die muss man sich nehmen!«, steht auf und geht: »Tschüss!«

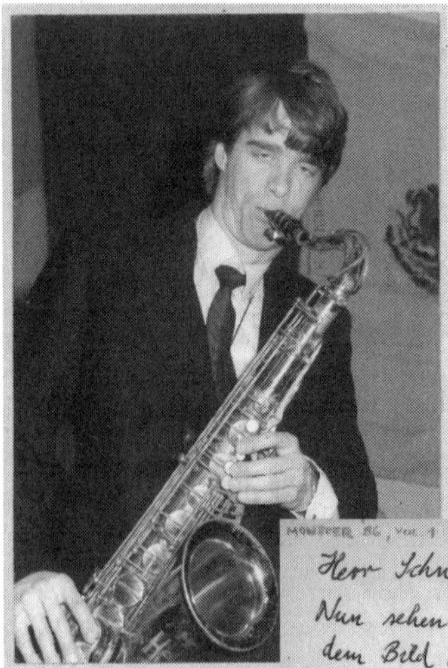

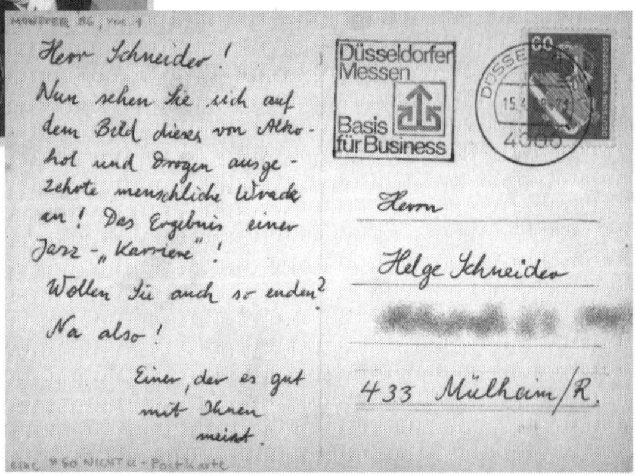

Herr Schneider!
Nun sehen Sie sich auf dem Bild dieses von Alkohol und Drogen ausgezehrte menschliche Wrack an! Das Ergebnis einer Jazz-„Karriere"!
Wollen Sie auch so enden?
Na also!

Einer, der es gut mit Ihnen meint.

Düsseldorfer Messen
Basis für Business

Herrn
Helge Schneider

433 Mülheim/R.

Hör-, Seh- und Lesetipps

Hörtipps

Sammlung Schneider – Musik und Live-Shows (Die Box enthält neben den bis 2015 veröffentlichten 18 Alben mehr als 2 ½ Stunden unveröffentlichtes Bonusmaterial.)

Sammlung Schneider – Hörbücher & Hörspiele (Die Box versammelt neben 7 Hörbüchern alle Hörspiele Schneiders und unveröffentlichte Live-Erzählungen 1996 bis 2013 im mp3-Format.)

Sehtipps

The Paket – Super Helges phantastisches Video-Sammelsurium (Auf 11 DVDs finden sich neben 13 kompletten Live-Shows von 1989 bis 2016 auch Videoaufnahmen aus den frühen 80er Jahren.)

Aus der Fülle der YouTube-Videos von Schneider sind folgende Beiträge besonders hervorzuheben:

Frühe Meisterwerke (Live at Queen's Palace): https://www.youtube.com/watch?v=NLUOi2Frk_o&t=1578s

Alle Filme, die Schneider zusammen mit Alexander Kluge für dessen TV-Kanal DCTP gedreht hat, zum Beispiel: Helge Schneider als Notarzt: https://www.youtube.com/watch?v=1IRR2RYmrV8

oder als Zündholzschnitzer: https://www.youtube.com/watch?v=vXsZS7Z7218

Die 10-teilige Sendereihe »Helge Schneider erklärt Jazz«, in der Schneider in Folgen von jeweils zwei bis drei Minuten seinen ganz persönlichen Streifzug durch die Jazzgeschichte unternimmt: https://www.youtube.com/watch?v=uhVpzEumQuo

Helge Schneider begegnet dem Terror in der Welt durch Mandarine-Pellen im Hotelzimmer. Nach einem in Hannover wegen einer Terrorwarnung abgesagten Konzert demonstriert der Künstler Haltung in schweren Zeiten: https://www.youtube.com/watch?v=lOZ2VLSccds&t=14s

Lesetipps

Schneider, Helge: Orang Utan Klaus. Helges Geschichten. Köln 2015.

Elstner, Tim-André: Versuch einer Einordnung der Kunstfigur Helge Schneiders in eine ›dada-avantgardistische‹ Geisteshaltung. München 2010.

Goldt, Max: »Danke für den mittleren Vogel und auch sonst vielen Dank.« In: Quitten für die Menschen zwischen Emden und Zittau. München 2001. S. 187–191.

Hosmann, Jan: »Dieser Mensch hat keine Grenze«. Die Komik in den Kommissar-Schneider-Romanen. München 2013.

Müller, Sarah: Reflexive Inszenierungen in Helge Schneiders Filmen »Texas – Doc Snyder hält die Welt in Atem« und »00 Schneider – Jagd auf Nihil Baxter«. München 2012.

Riebel, Martin: »Das ist doch kein Name für eine Katze! [...] Ich riss das Schildchen ab und zerknüllte es in vier Teile«. Die Komik in den spontanen Bühnenerzählungen Helge Schneiders. Eine Beispielanalyse. München 2012.

Schneider, Frank Apunkt: »Helge Schneider für Kinder. Protokolle einer Besichtigungsfahrt an die Nahtstelle der siamesischen Zwillinge ›Sinn/Unsinn‹«. In: Testcard. Beiträge zur Popgeschichte. Nr. 11. Mainz 2002. S. 40–55.

– »The Jazz of Consciousness: Prolegomena zu einer jeden Helge Schneider-Betrachtung, die als nicht-feuilletonistisch wird auftreten können.« In: Bad Alchemy 33. Würzburg 1999. S. 3–11.

Schuhmacher, Eckard: »Das Stolpern der Banalität. Über Helge Schneider.« In: Merkur. Deutsche Zeitschrift für europäisches Denken. H. 9/10. Stuttgart/Berlin 1998. S. 995–998.

Seidel, Jörg: Ondologie, Fanomenologie, Kynethik. Philosophieren nach Helge Schneider. Essen 1999.

– Guten Tach! Helge Schneider und die Philosophie. Gießen 2005.